地域活性化へ
文化・芸術の
デジタル活用

ICTが実現するアート／文化財の継承と
新しい鑑賞のかたち

テレコミュニケーション編集部 編
NTT東日本 経営企画部 営業戦略推進室 監修
株式会社NTT ArtTechnology 監修

リックテレコム

目次

アートはテクノロジーとともに進化 デジタルで地域の文化をより豊かに

東京藝術大学 社会連携センター 特任教授
プロジェクト・プランナー　　　　　　　伊東 順二 氏

アートはテクノロジーとともに進化 デジタルで地域の文化をより豊かに

東京藝術大学 社会連携センター 特任教授
プロジェクト・プランナー

伊東 順二 氏

アートと社会を結びつける数々のプロジェクトをプロデュースしてきた伊東順二教授に、現代アートとデジタル技術の活用について尋ねた。美術評論家でもある伊東氏は、芸術はデジタル技術とともに進化してきたと言い、ICT 活用による地域の文化の共有、再興、そして地域活性化が大きな可能性を持っていると述べる。

■ 閉塞感と期待が併存する現代アート

―― 現代のアートはどのような状況にあるとお考えでしょうか。

アートには、エポックメーキングな出来事がいくつかありました。その中でも、最大の出来事が中世ヨーロッパの「ルネサンス」です。「文芸復興」といって、ギリシャ時代に盛り上がりを見せた自然科学や芸術の考察を通して、人間とは何か、自然とは何かを多面的に考える文化が現れたわけです。14 世紀にイタリアで始まったこのルネサンスの運動は、やがてヨーロッパ全土へと波及していきました。

19 世紀末になると、貴族を中心とする封建社会から、経済をバックボーンとして商人たちが実権を握る社会へと支配構造が変わってきました。前代のものが遅れていて、近代のものが進んでいるといういわゆる「前者否定・後者

▲ **伊東 順二** (いとう じゅんじ) 氏
　東京藝術大学 社会連携センター 特任教授
　美術評論家 プロジェクト・プランナー / プロデューサー

1953 年 9 月 2 日長崎県諌早市生まれ。早稲田大学仏文科大学院修士課程修了。フランス政府給費留学生
としてパリ大学、及びエコールド・ルーブルにて学ぶ。
1983 年日本帰国まで、フランス政府給費研究員として、フィレンツェ市庁美術展部門嘱託委員 (1980)、
「フランス現代芸術祭」副コミッショナー (1982) などを歴任。その間、「芸術新潮」での連載 (1981 年開
始) などで「ニューペインティング」を日本に紹介。
帰国後、美術評論家、アート・プロデューサー、プロジェクト・プランナーとして活動を開始。1989 年株式会
社 JEXT を設立。展覧会の企画監修、アート・フェスティバルのプロデュース、アート・コンペティションの企
画実施、都市計画、また、企業、協議会、政府機関などでの文化事業コンサルタントとしても幅広く活躍中。

肯定」の近代主義的な考え方は、科学や産業に携わる側にも、非常に賛同しや
すい論説でした。それには過去の優れた文化を否定するという弊害もありま
したが、悪いことばかりでもなくて、教条主義に陥っていた美術・芸術の状
況はこの考え方で徐々に変化していくことにもなりました。

—— 1914 年からの第一次世界大戦は、アートに大きな影響を与えたといわれ
　　ています。

　第一次世界大戦中のヨーロッパは、生きていること自体が全否定されるよ

うな空気に覆われていました。従来は文明の利器だったものが、戦争のための兵器に変化し、これまで信じていた近代文明に疑問を抱く人が出てくるようになりました。こうして近代主義的な考え方に疑問が生まれるなか、今までの価値観を変えなければならないという気運が日増しに高まっていきました。

創られたものよりも、創ろうとすることが大事なのだ。すなわち、哲学こそが表現の根幹であるのだということを象徴的にやってみせたのが、フランス生まれのマルセル・デュシャンです。優れた造形作家であり、画家でもあった彼は、便器を倒して『泉』とタイトルをつけた作品をニューヨークのある有名な展覧会に応募し、展示を拒否されました。これが、ダダイズムという運動へとつながっていきます。ドイツでも表現主義が盛り上がりを見せましたが、ナチス体制のなか懐古的な新古典主義に戻ってしまいました。

ところが1950年代になると、アメリカでダダイズムが再評価されるようになり、ネオ・ダダという運動が生まれました。そこから新しい美術に対する概念が醸成されていって、美術や音楽などの垣根を超え、イベントやハプニングを表現形態とした「フルクサス」という運動へと発展しました。

ただ、「前者否定・後者肯定」が行き過ぎるとどうなるかといえば、同時代の先端のものばかりを重視して過去の歴史、伝統、遺産などを軽視しがちになり、自分たちがどこから来たのかもわからなくなります。

そこで1980年代に、伝統的なものを見直し、地域文化を継承していこうというポストモダンの大きなうねりが起きたのです。日本では、建築家の隈研吾氏が「過去を踏襲して未来をつくる」という考え方をいち早く導入しました。

—— 現代のアートのテーマは何でしょうか。

現代のアートは、常に新しいものを創らなければならないという強迫観念にとらわれていて、とにかく新しければいい、変わっていればいいという一発芸のようになりやすい状況にあります。

近代美術は近代主義という時代概念の上に成り立っていましたが、現代美術は「コンテンポラリーアート」ともいって、時代とともにある多様性をもつ美術なのですが、そのせいで、どこの現代美術館に行っても同じようなメ

▲ 長崎県美術館（2005 年初代館長：伊東順二）

ンバーの作品が展示され、現代美術というスタイルに定型化されてしまっている印象を受けます。そのことに疑問を感じて、長崎県美術館の基本計画を頼まれた時には、長崎という土地が持っているものや表現しているものとはいったい何なのかを考えました。

　もともと、過去への批判から始まった 20 世紀芸術ですが、批判というのは元のものが改善・修復・革新されるために行うわけで、それをどう再構築していくかというビジョンを考える必要があります。だからこそ、現代のアートには閉塞感がある一方で、期待も持てると思うのです。

—— 地域文化の継承というテーマに積極的に関わっておられますね。

　私にとって最初の地域活性化の取り組みとなったのは、世界における日本の活性化でした。私は 30 歳になるまで、フランス政府給費留学生・研究員としてフランスで学びましたが、その頃から、世界の中でいかに日本の文化が知られていないかを痛切に感じてきました。

　戦後、日本の国際化は西洋に合わせる形で進められてきました。伝統的な

▲ ヴェネチア・ビエンナーレ日本館（1995）

日本文化を否定し、捨てて、新しい西洋文化に置き換えることを行ってきました。これに対し、西洋人のすばらしさは、旧来のものを自己批判しながらもそれを捨てることなく維持し、従来のやり方を変えて、新しい革新へと引き継いでいけるところにあると思うのです。

　そこで私は、1995年のヴェネチア・ビエンナーレのコミッショナーに指名された時、その中から誰をコミッショナーにするか審査するコンペの場で、一石を投じようと思い立ちました。伝統を踏襲しながら革新する「茶の湯」の展示を企画したのです。日本画や現代アート、コンピュータグラフィクスなど、一見対立するように見えるさまざまな様式も、「禅」という伝統的な概念の中でなら集合させることができることを証明しようという試みでした。

▨ 科学とアートは対立しない

―― アートの世界にテクノロジーというものが導入されたのは、いつ頃といえるのですか。

1940年代から、0と1だけを使った2進法で表現するコンピュータが現実のものとなっていくわけですが、「チューリングマシン」[*1]を考案した数学者のアラン・チューリングなんかは、アーティストだと私は思いますね。

　最も重要な出来事は「ハイパーメディア」という概念が生まれたことでしょう。ロボットに象徴されるような「人間拡張」という概念が生まれたわけです。拡張できる自己があるなら、表現だって拡張できるだろうと人々は考えるようになりました。「拡張」と「共有」という発想が生まれたことが戦後の大きな財産だと思います。

　デジタルアートといいますが、デジタルというのはあくまでも一つの方法論です。最先端の技術というものは、あまり論拠もなく生まれますが、需要がないと先へは進みません。どういうニーズがあって、技術をどのように社会にアダプトさせればいいのかを考える際には、アート的な発想が求められることもあるでしょう。相反するものの価値を認め、包含しながら発展するのが一番豊かな社会だと私は考えます。そのためにも、コンピュータでは埋まらない0と1の間をどう満たしていくかが、これからの課題だと思います。

　科学とアートは実は対立しないんですよ。ただ、科学は証明しないと先へ進めないけれど、アートは証明しなくてもいい。アートが先にゴールまで行ってしまって、どこから来たのかを科学が後から証明してくれる。そういう微笑ましい関係であってほしいと思います。

── それは、たとえば、どういうことでしょうか。

　私がそう思うようになったのは、パリに住んでいた1980年代に、ビデオアートの創始者といわれるナム・ジュン・パイク氏に頼まれて、衛星を使った『バイ・バイ・キップリング』というインターネットアートの先駆けとなるアート・パフォーマンスを手伝ったことがきっかけでした（参考書籍：『あさってライト』[*2]）。

　これは、イギリスの小説家キップリングが「東洋と西洋は出会うことのない双子だ」と言った言葉に別れを告げて、アートの力で世界を一つにするために

*1　チューリングが論文で発表したコンピュータの原理となる仮想の計算機
*2　『あさってライトー ICARUS PHOENIX』ナム・ジュン・パイク 著、伊東順二 構成（PARCO出版、1988）

企画したものです。世界各地で同時多発するアート番組をプロデュースし、これをスイッチングで一つにして、衛星中継で世界400局に向けて発信しました。

　当時は「テクノロジー」と言われても何のことかわからず、美術評論家でキュレーターの私がコンピュータをいじらなければならない理由もわかりませんでした。するとパイク氏は、「これからは、そういうことがアートになる。そういう時代が来るんだよ。違うものが結びつき、お互いの関心を高めることが大事なんだよ」と言うわけです。

　ニューヨークやロンドン、パリといった大都市が世界の中心で、世界の小さな町や村、すなわち地域社会というものは、時代に対して遅れているという考え方が当時はありました。しかし今なら、それぞれに方法論があって、地域や分野に縛られず、それらを超えて共有するという概念こそが大事なのだということがわかります。

　何者にも縛られない自由な発想が評価されるのがアートだとしたら、論証抜きに未来を夢想できる人間の能力を一生懸命実現化しようとする営み、これこそがアートだと言えるのではないでしょうか。だから、アーティストは個人の名声や権力からはできるだけ離れて、社会や人間のあるべき姿を常に考えていないといけないのです。

―― そのアートと社会を結ぶことには、どんな意義があるのでしょうか。

　よく言われることですが、アートは社会の鏡であり、アートそのものやアートに対する反応を見れば、今がどういう時代かがわかります。アートは常にテクノロジーとともに進んでいます。科学の進歩を取り込みながら、さらに科学の速度を倍加させるのがアートの役割です。

▒ デジタルの力で東北に心の復興を

―― デジタルの力を活用した地方創生の事例を教えてください。

　長崎生まれの私は3歳の時に「諫早水害」を経験しました。江戸時代に造られた眼鏡橋に流木が引っかかって水がせき止められ、町が壊滅しました。私は親とともに屋根裏まで登って何とか水から逃れ、自衛隊に救助されました。それ

から3年ほど町に戻ることができず、戻れた頃には風景が全く違うものになっていました。

　だから今でも、災害と聞けば飛んで行くんです。1995年の阪神・淡路大震災の時も、2011年の東日本大震災の時もそうでした。東日本大震災の時はNPOの知人に協力を頼まれ、富山市から譲り受けた放置自転車を整備して、トラックに乗っけて駆けつけました。

　諫早水害で被災した経験から言えば、災害は特に子どもと高齢者に深刻な影響を与えます。子どもは歳を取り、自分が見た風景の意味がわかるにつれてダメージを受けます。町の風景がなくなったことも私にとってはショックで、心に深い傷を負いました。水害は空襲の焼け野原と同じで全部持って行かれてしまうから、町の姿がわからなくなるんです。

　東日本大震災の後、がれきと化した陸前高田の町を歩いていたあるおばあちゃんが、「せめて道ぐらい残してくれないと、どこを歩いているのかわからなくなる」と嘆いていました。「この3軒先に金物屋があって」という何気ない風景が、住んでいる人たちにとっては、とても意味のあるものなのです。

　新しい建物を建て、壊れた橋を架け替えれば復興は終わりかと言えば、それは違う。生まれ育った風景が失われれば、高齢者は自分が生きた文化や生きてきたこと自体を否定されたような気持ちになるでしょう。風景を残しておくことは、心の復興という観点からも重要なことなのです。それで私は、被災した彼らが生活者の目線で撮った被災前の風景の映像や写真を集めて、デジタル化しようと思いました。

　災害によって、町や社会が進んでいく時間軸が本来とは違う方向にずれてしまった。この時、続けたかった未来だけでなく、続けられてきた過去にも目を向けることが必要なのではないかと考えたからです。色褪せず、集合でき、加工もできるデジタルの技術を取り入れることで、なくなった過去がよみがえり、永遠になるのではないかと思いました。

―― 具体的には、どのようなことをされたのでしょうか。

　被災地で個人が所有する8ミリフィルムやハイエイト、miniDV、ビデオテープ、音源などを収集しました。津波の被害が甚大だった大船渡で、ぽつんと残されていた写真館に協力をお願いしに行ったこともありました。もっとた

くさんのデータがあるという本家にまで押しかけ、玄関先で1時間ほど事情を説明して、ようやく中に通していただけました。その方は今でも協力してくださっています。

さらに、インターネットでも広く呼びかけ、関連資料を集めました。海水に浸かったフィルムなどは修復を施したうえで、集まった資料をデジタルデータに変換していきました。発掘された映像の中にはお祭りや町民運動会のほか、田植えや結婚式などの様子を記録したものまでありました。「そんなの藝大がやることじゃない」と思われる人もいるかもしれませんが、震災が起こった、こんな時こそ芸術の力が発揮されるべきではないかとの思いがありました。

―― デジタルの力は、どんな場面で発揮されましたか。

日本には多様な文化があり、同じ地域でも入り江ごとに文化や神様が違っていて、似たような祭りに見えても登場する動物が違っていたりするのです。

九州にも面白い祭りがたくさんあって、たとえば「長崎くんち」などはさまざまな異文化が融合してできた祭りです。しかも、長崎市内の踊町（当番の町）

▲『よみがえる大船渡（動画ダイジェスト）』（TOHOKU COAST 風景 PORTAL）より

は七つに区分されていて、出し物の奉納踊は7年に1度しか回ってきません。こういう日本固有の寄合についての解決方法の面白さが祭りにはあります。

　ただ、小さな祭りの場合は資料も残っていないことが多々あります。東北の被災地でも、どんな衣装を着て、どんな振り付けをしていたかがわからなくなってしまいました。とはいっても、祭りごとの小さな違いを尊重することなしに復興はあり得ません。それで、被災前の風景とともに、祭りの映像も集めることにしました。

　10の祭りが消えても、うち一つでも復興できれば、その文化を共有できるのではないかと考えたんです。そこには、入り江同士を結ぶ舟のような役割をネットワークの力が果たしてくれるのではないかという期待がありました。

―― 被災された方々には、どんな効果をもたらしましたか。

　集めた映像は公共施設や高齢者施設、仮設住宅などを回って上映しました。学生スタッフに認知症ケアの講座を受けさせて、認知症の方々に映像を見ていただくと、口数の少なかった方が急にしゃべり出したり、「あ、見て、サンマが獲れてるよ」などと指さしながら話をしているうちに、記憶が突然よみがえったりするわけです。なぜそこまでするのかといえば、やっぱり信じてほしいからです。ここがアートの課題でもあるのですが、リモートだけでは信じてもらえない。そこに人間同士のコミュニケーションが存在して初めて信頼関係が生まれると思うんです。

　連れて行った学生たちには写真を撮るのではなく、人の力が加わることでより味わいが増すスケッチを描くように言いました。自分が東北から受けた印象に、高齢者から聞いた話を重ねて描いたスケッチです。被災された方とのコミュニケーションの中から生まれた作品であることに価値を感じています。こうしたスケッチは今、150点ほど集まっています。

　また、2015年2月には「せんだいメディアテーク」で「風景と心の復興∞」と題した上映会を開催しました。東北の海をイメージして創作した楽曲のコンサートや、地元のダンサーとのコラボレーションによって、東北の風景を生き生きとよみがえらせようという企画でした。会場には仙台市長もいらっしゃって、日本三景の一つとして知られる松島の海の風景を見て涙を流しておられました。

▲『大船渡を描いた水彩画アニメーション』（TOHOKU COAST 風景 PORTAL）より

—— 収集し、デジタル化した映像を今後どのように活用しますか。

　「TOHOKU COAST 風景ポータル」というサイトで、アーカイブ化していく予定です。このサイトでは「風景と心の修景および創景事業」として、三つの展開を考えています。

　まずは被災前に撮影した写真や映像、音声などを収集します。これらの「記憶の記録」を美術（スケッチ・ドローイング等）、音楽（作曲・パフォーマンス等）、画像（動画・静止画）の形でアーカイブ化します。

　たとえば水彩画アニメーション『HOME』は、東京藝術大学の学生と卒業生有志が何度も大船渡を訪れ、そこで暮らす方々の話に耳を傾け、かつての風景の写真や映像を見たうえで、未来の風景を想像しながら制作した作品です。東北の美しい風景の映像と東京藝術大学の学生によるピアノとマリンバの演奏、地元のパフォーマーによるダンスによって「東北のこころ」を表現したライブコラボレーション『風景、今』なども収められています。

　その次の展開として考えているのが、アーカイブ化された記録をもとに風景を再生する「修景事業」です。消失した風景を静止画的に再生するだけでなく、日常生活から採集した音源や映像を立体的に再現することで、それぞれ

TOHOKU COAST 風景 PORTAL

集めたいもの　　集まったもの　　活用　　知る　　リンク　　このサイトについて

映像

馬ノ墓の種蒔桜
高さ15m、樹齢およそ300年のベニヒカンザクラ。周囲には田畑が広がり、この桜の開花を目安に種まきが [一]

鶴ヶ城の桜
会津若松市のシンボルで戊辰戦争では一ヶ月に及ぶ激しい攻防戦に耐えた名城。およそ1000本の桜が咲き誇 [一]

合戦場のしだれ桜
菜の花と桜のコントラストが特徴のベニシダレザクラ。三春の滝桜の孫娘と言われる。

裏磐梯の桜
裏磐梯に人知れず咲く山桜。裏磐梯高原の春は都市部と比べて1ヶ月遅い。

桜島
裏磐梯を望む檜原湖。小さな小島は桜島と呼ばれ雄大な磐梯山を前に絶景が広がる。

猪苗代町の桜
標高およそ500mに位置する猪苗代地方。桜が咲くのは5月の連休前後になる。

夏井千本桜
地元有志の人たちが植樹をしてこの景観を作り上げた。夏井川の両岸におよそ5キロに渡って桜並木が続く。

日中線のしだれ桜
日中線として喜多方駅と熱塩駅間にあった鉄路が自転車歩行者道として生まれ変わった。　およそ1000本のしだれ [一]

鏡桜
ため池のたもとに咲くオオヤマザクラ。水面に鏡のように映る姿から鏡桜と呼ばれる。水面の反射もあり満開の期間が非常 [一]

米沢の千歳桜
根回り11m、高さ14m、樹齢800年のベニヒカンザクラ。桜越しに会津盆地が見渡せる。

六地蔵の桜
一ノ瀬六地蔵、子供の守り本尊とされており、お堂の前には桜が植えられている。

会津地方の桜
遠くに望む雪山、広がる田畑、山間部にひっそりとたたずむ集落、人知れず咲く一本桜と、会津地方には将来に残したい [一]

▲「TOHOKU COAST 風景 PORTAL」（http://fukeifukko.com/）より（部分）

の世代がもつ思い出とリンクできる作品に仕上げていきます。

　さらに、現在の被災地を巡って、震災後もなお残った東北の美しい環境や生活、習慣、芸能、伝承を記録します。そのデータを分析したうえで、日本を代表する建築、都市計画、文化マネジメント、映像表現の専門家に仮想的な未来風景の理想像を提唱していただき、最終的には今後の復興の原風景づくりに貢献できればと考えています。

　ここに収集された映像にインスパイアされたアーティストが新たな映像作

品をつくることで、過去から未来が生まれる。そんな作品の寄稿が増えていくことも期待しています。

コロナ禍のなかでのデジタルの力

—— 今回のコロナ禍においても、デジタルは力を発揮しましたね。

　歴史を振り返ると、ルネサンス期のペストの流行や 1918 年に始まったインフルエンザのパンデミック、1930 年代の世界恐慌など、世界規模の終末的な災難の際には必ず文化や芸術、哲学が進化するのです。

　今回のコロナ禍もきっとそうでしょう。しかもテクノロジーのおかげで、リモートが現実になっているわけです。オンラインで移動を果たしながらも、物理的には同じ場所にとどまっていられるということは、長期的な熟考もしやすく、ビジョンも持ちやすいということです。積み重ね的な検証ばかりしていても飛躍はできませんが、この時、飛躍的なイメージを助けるのがアートなのだと思います。

　新型コロナウイルスで動けない時代だからこそ、誰もが一度は立ってみたい世界の音楽ホールの舞台を画像上で再現して、そこに若い音楽家たちを立たせ、演奏した動画を同時配信しました。離れた場所にいる音楽家が合奏する試みなどは今に始まったことではなく、以前から行われてきたことです。映像の世界でも、そういう動きが加速していくと思います。

デジタル技術で文化財を複製

—— 東京藝術大学では、デジタル技術を使った文化財の複製にも取り組まれていますね。

　そうです。アートって、本来は共有されていないと意味がないんですよ。重要な文化財が人目に触れないように保護されているのは本末転倒だと思うんです。東京藝術大学 COI 拠点では、最新のデジタル技術を使って３Ｄ計測などを行い、文化財を忠実に再現する「クローン文化財」に取り組んでいま

す。これは要するに本物のモバイル化です。ただし、通常の社会の中で、その芸術性や文化的価値を信じてもらうには説得力が必要です。そのために、本物と同一のものであるという科学的実証をしているわけです。

　クローン文化財を創ることは工芸拠点の再活性化にもつながります。東京で何もかも解決できるように思われるかもしれませんが、文化的価値を持つものは実は地域の技術によって支えられているんです。たとえば浮世絵一つにしても、本物と同一のものを創ろうと思えば、まずは版木から材料や技術の検証を行う必要が出てきます。こうして、消えかけていた材料や技術の拠点が再興していくというわけです。

—— 文化財の複製によって、地域の産業までが息を吹き返すということですか。

　日本では、鎖国していた200年以上の間に国が固定化され、その中で独自の文化が熟成されていきました。産業同士がぶつからないように、幕府、諸藩が産業のクラスターをデザインし、それが北前船のような交流によって活性化できるようにしたのです。だからこそ、それぞれの国の中で経済が回っていく、ゆるやかな連邦政府を実現できたのだと思います。

　このように、日本の文化というのは芸術だけでなく、歴史的な意識としての文化だったり、産業だったりもするのですね。それが日本の町人文化のすばらしいところで、中でも西洋人を驚かせたのは、たとえば葛飾北斎のすばらしい浮世絵が何百枚も存在しているということです。そこにマーケットが存在し、何人もの職人が精度を究めて、同じものを創る技術を磨いていることにびっくりしたわけです。

　多くの人がほしがるものを多くの人に供給するという考えに至ったところが、現代のデジタル化社会にも似ている気がします。個人が百億円単位の利益を得るのと、百億円単位の産業を創るのとでは、後者のほうが、より社会を豊かにする選択肢だと思うのです。だからこそ、ICTを社会貢献に活かそうとするNTT東日本の文化財等のデジタル化への取り組みは、未来の産業を創り出すことにもつながるのではないかと思います。

※ 文中に記載の組織名・所属・肩書き・取材内容などは、すべて 2020 年 7 月時点（インタビュー時点）のものです。

第1部

◇◇◇

地域の文化・芸術を「守る」

第 1 部

収蔵文化財の高精細レプリカを作成 時と場所を選ばず展示が可能に

山梨県立博物館

収蔵文化財の高精細レプリカを作成
時と場所を選ばず展示が可能に

山梨県立博物館
山梨県笛吹市

日本の浮世絵を代表する葛飾北斎の「冨嶽三十六景」は、山梨県立博物館に全46図が収蔵されている。国内はもとより海外からも作品を見るために足を運ぶ人は多い。だが浮世絵は劣化しやすいため、残念ながらそのすべてを頻繁に展示することは難しい。一方、できるだけ多くの人に、少しでも多くの作品を見てほしいというのは所蔵者の願いでもある。この課題を解決するため、山梨県立博物館は「冨嶽三十六景」のデジタル化を進めて高精細なレプリカを作成した。このレプリカにより、実物を守りながら、浮世絵の素晴らしさを身近に知ってもらう、そしてやはり実物を見に来てもらう、そうした新たな活用への取り組みが始まっている。

▲ 山梨県立博物館

 ## 山梨県立博物館の至宝「冨嶽三十六景」

　日本列島のほぼ中央に位置し富士山はじめ多くの観光資源に恵まれた山梨県、その真ん中にある笛吹市に 2005 年に開館したのが山梨県立博物館である。一帯は有名な山岳や温泉に囲まれ、日本を代表するワイン産地という特性もあり、全国各地から多くの観光客が訪れる。宿泊や観光の帰りに立ち寄る来館者とともに、「冨嶽三十六景」目当てで訪れる根強い北斎ファンは少なくない。

　同館は約 6 万 5000 平方メートル（東京ドーム約 1.3 個分）という広大な敷地の中にあり、建物の周りには庭や地域の特産品であるブドウやモモを栽培している畑などが広がっており、広く開放されている。

▲ 山梨県立博物館 (館内の様子)

　同館が収蔵する文化財の点数は約27万点。「大半は古文書などの歴史資料と古美術です」と学芸課 課長 森原明廣氏は語る。実は中部地域で最大級の博物館だという。「全国を巡回する展覧会なども開催したりしています。山梨県という地域の文化振興をリードし、活性化を促す博物館でありたいと思っています」と森原氏は言う。

　美術品に限ってみると収蔵1万点と多い方ではないかもしれないが、その中で同館を代表するのが葛飾北斎 (以下、北斎) の「冨嶽三十六景」である。

　「冨嶽三十六景」は全46図で構成されている。北斎の「冨嶽三十六景」といえば教科書でも習い日本人で知らない人はいないくらいだが、最も有名なのは『神奈川沖浪裏』。巨大な波が小舟を飲み込まんとしている一瞬を切り取り、その大波の向こうに富士山が鎮座しているという構図の絵画である。また山肌を赤く染めた富士が描かれた赤富士 (作品名は『凱風快晴』) も多くの人が一度は目にしたことがあるだろう。

　2020年3月以降に日本のパスポートを取得した人なら、査証欄に「冨嶽

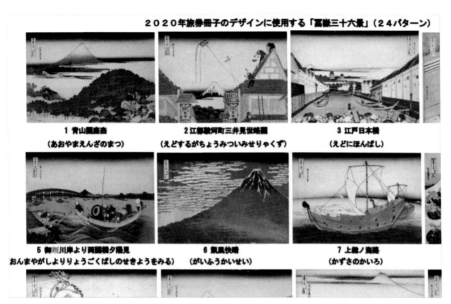

▲「2020年旅券冊子のデザインに使用する『冨嶽三十六景』(24パターン)」の一部(外務省ホームページ「2020年旅券」より部分抜粋)

三十六景」24図があしらわれているのを確認することができる。もちろん、『神奈川沖浪裏』も『凱風快晴』も24図のうちのひとつだ。また『神奈川沖浪裏』は、2024年度に発行される新千円札の裏面にも採用されることになっている。

 ## 浮世絵は一つ一つそれぞれ異なる

　北斎は90年という生涯の中で、「冨嶽三十六景」や「北斎漫画」など、さまざまな傑作を残している。開国を機にヨーロッパに伝わった浮世絵は、19世紀後半にジャポニスムと呼ばれる潮流を起こした。浮世絵師の中でもマネやゴッホなどの欧州の有名画家に影響を与えたといわれるのが北斎で、今も世界中にたくさんのファンを抱えている。

　山梨県立博物館以外にも、「冨嶽三十六景」を収蔵している美術館・博物館は、国内・海外に複数ある。だが、それらに収蔵されている「冨嶽三十六景」はすべて同じというわけではない。理由は木版画という技法を使った作品の特性にある。

浮世絵版画は絵師（「冨嶽三十六景」であれば北斎）だけではなく、彫師や摺師との共同制作により完成する。そしてそのプロデュース作業を行うのが、版元（「冨嶽三十六景」であれば永寿堂・西村屋与八が有名）である。絵師はまず版元の注文を受け下絵を描く。版元はその下絵を彫師に渡し、彫師はそれを元に主版を彫る。主版ができれば、摺師に渡し、墨一色で摺り出す。それを見て絵師が色を指定していく。彫師は色ごとに版木を彫っていく（色版）。すべてができたところで、絵師立ち会いの下、摺師が摺っていく（初摺り）。その後、これらの版木を使って摺られていくのが、後摺りである。

　つまり、一口に「冨嶽三十六景」といっても、各美術館・博物館が収蔵している作品はオリジナルであっても、摺られた時期が異なっている。初摺りはおおよそ200枚程度。よく売れる錦絵[*1]は2000枚ほど後摺りされているという。「冨嶽三十六景」はかなりの人気作品なので、2000枚以上摺られている可能性

---

*1　浮世絵の代表的手法の一つで、木版の多色摺り版画。豊かな色彩表現と量産可能を特徴としている。

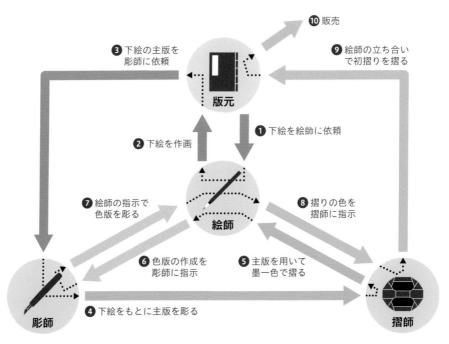

▲ 浮世絵（錦絵）の制作過程

があるというわけだ。

　浮世絵は初摺りに近い時期ほど版木の劣化が少ないため、絵もしっかりしている。とはいえ、江戸時代後期から200年も経つため、保存状態によっても色が変わる。つまりなるべく初摺りに近く、保存状態のよいものの価値が高いのだ。

　森原氏は「当館の『冨嶽三十六景』は46図全図揃っており、いずれも比較的摺りの時期が若く、保存状態も良い。おそらく国内では一番の『冨嶽三十六景』を収蔵しているのではないかと自負しています」と言い切る。これを裏付けるのが、同館所蔵の「冨嶽三十六景」が先述した新パスポートのデザインに採用されたという事実である。

人気作品の展示ができないジレンマ

　そのような有名な作品を収蔵している山梨県立博物館の年間入場者数は約10万人。だが、開館して15年も経過するので、「より多くの方々に来館してほしい」と森原氏は明かす。県の施設とはいえ、来館者数を一定以上維持しないと、運営が厳しくなる。「リピーターを確保するとともに、いかに新しいお客さまに足を運んでもらえるようにするか。そのために企画を考えたり、特別展や企画展をする際は収蔵品を他の施設に借りに行ったりすることも私たち学芸課の重要な仕事の一つです」（森原氏）

　常設展で展示しているのは同館で収蔵している27万点の一部。もちろんこれらの中には展示しにくいものもある。それを除き、2ヶ月に1度、テーマを設けて展示の入れ替えを行っているという。比較的よく展示される収蔵品がある一方で、なかなか展示されないものも当然ある。

　やはり収蔵品の中で最も人気があるのは著名な「冨嶽三十六景」だ。これを観たいとの理由で訪れる人が多いという。「『冨嶽三十六景』を展示すると、通常の2倍のお客さまが訪れてくれます」と森原氏は話す。来館者の中には、大阪など遠方から来た人や、「冨嶽三十六景」をじっと見つめて、なかなか動かない人もいるという。

　もちろん、「冨嶽三十六景」の展示とはいっても、46図がすべて展示されるわけではない。46図を展示するのはおよそ5年に1度で、常設展に展示する

場合でもせいぜい5〜6点を約1〜2週間展示する程度だという。2020年の2月6日から2月19日に開催された「新パスポート発給・NTT東日本CM放送記念『冨嶽三十六景』特別展示」では、8作品を2つの期間に分け1週間ずつ4作品が展示された。

「『冨嶽三十六景』のような人気作品を展示すれば来館者は増えることは分かっています。ですが、頻繁に展示すると作品は劣化してしまう。これは当館に限らず、あらゆる美術館、博物館が抱いているジレンマだと思います」(森原氏)

　美術品・文化財の劣化要因には、温度・湿度や酸化のほかに光もある。博物館や美術館で、明るい光の下で展示されていることはない。必ず照度を抑

▲「冨嶽三十六景」の紹介Webページ(山梨県立博物館)

えた環境下で展示されている。その中でも「浮世絵は特に退色しやすい収蔵品の一つ」と森原氏は語る。低照度の光の中でも、展示するたびに退色は免れない。そのため、「それぞれの作品にカルテを設けて、展示頻度を管理しています」（森原氏）。つまり博物館としては展示したくても、作品を守るには展示する頻度に限りがあるのだ。

　そうした博物館・美術館特有の課題を抱えながら、森原氏は博物館の企画の運営に携わっていた。

「リマスターアート」との出会い

　2018年春、森原氏は、「リマスターアート」と、出会うことになる。きっかけは株式会社アルステクネ（以下、アルステクネ）の久保田巖社長だ。アルステクネは、山梨県が起業や創業を促進するために2015年から開催している「Mt.Fujiイノベーションキャンプ2016」で、優秀賞を受賞した。それは、「ミレーデジタル里帰りプロジェクト」というプランで、山梨県立美術館が所蔵するミレー作品を同社の独自技術「リマスターアート・テクノロジー」によりデジタル化し、同作品が描かれたフランスのバルビゾン村に帰省させるデジタル文化交流のプロジェクトだった。

　「リマスターアート」とは、高解像度の画像処理技術などを駆使し、絵画作品を余すことなく記録し、再現、伝達する多目的画像運用技術を用いて制作されたレプリカのことである。同社はこの技術でフランス国立オルセー美術館が所蔵する100点もの作品をデジタル化した。そのレプリカはオルセー美術館から公式認定されているほどの高品質を実現しているという。

　ただ、森原氏は当初それほど大きな関心は湧かなかったという。レプリカは、作品を見てほしいのだが作品を守るためになかなか展示できないという課題を解決する一つのソリューションである。実際、オルセー美術館をはじめ、海外の美術館ではレプリカを作ることを積極的に行っている。

　例えばアメリカのメトロポリタン美術館では同館コレクションのうち、37万5000点以上の作品がパブリックドメイン（公有）作品として、インターネットでレプリカを公開。誰もが自由に使用できるようになっている。ボストン美術館やルーブル美術館なども同様だ。だが森原氏は「レプリカ＝写真」というイ

メージを持っていたため、「再現には限界がある。きっとのっぺりしていてオリジナルの魅力は伝わらない」とその精度に懸念があった。

　もう一つの懸念は、同博物館には西洋画がなかったことだ。ジャンルが違うのではないかと思っていたのだ。

　山梨県立博物館を訪れた久保田氏は額を携えていた。額装されていたのはゴッホやセザンヌの絵。「ぱっと見た時、本物の油絵が入っていると思いました」と森原氏。油絵はさまざまな手法を用いて描かれている。絵の具を盛り上げるほど厚く塗るインパストという技法もその一つ。実際に絵に触れてみると凹凸がある。今回のレプリカはその微細な絵筆による凹凸、見る角度によって影が付く感じなどをデジタル化で精緻に再現していた。手で触ることに抵抗感を覚えるぐらいの出来だった。これまで持っていた「作品の質そのものを伝えられるデジタル化は無理」というイメージが覆った瞬間だった。

レプリカ作成への課題

　限りなく実物に近い、精度の高い「冨嶽三十六景」のレプリカができるとなれば、これまで許されなかった明るい光の下での観察や長期間に及ぶ展示ができるなど、実物に代わるものとしての活用も可能となる。「課題が解け、夢が広がる」。そう感じた森原氏は久保田氏に「冨嶽三十六景」の実物を見てもらうことにした。

　浮世絵は一見、油絵のような凹凸はないと思われているが、よく見ると和紙に摺られている微妙な凹凸がたくさんある。その凹凸によってできる陰影が作品の魅力の一つになっている。実物を見た久保田氏の「これはすごい。ぜひ、挑戦してみたい」という言葉を聞き、まずは試作品として『神奈川沖浪裏』のレプリカに取り組んでみてもらうことにした。

　2〜3ヶ月後、森原氏のもとにリマスターアートによるレプリカの試作品が届けられた。「その品質の良さにびっくりしました」と森原氏は言う。そして、「『冨嶽三十六景』全図のレプリカを手がけたい」という熱意もあり、県にレプリカ制作許可の申請を出したという。「冨嶽三十六景」は県の財産なので、レプリカを制作する際には県の許可が必要だからだ。

　「すんなり許可は出ませんでした」と森原氏は振り返る。レプリカの精度が

悪かったのではない、逆だ。一番の議論のポイントとなったのは、レプリカの質が高すぎることで「実物の価値が下がるのでは」という懸念だった。「ここまで質の高いレプリカがあるのであれば、本物を見なくてよいと思う人が増えるのではないか」という声がたくさん聞かれたという。

▲ 森原 明廣 (もりはら あきひろ) 氏
山梨県立博物館学芸課 課長

だが、そういう意見に対し森原氏は「そうではない。質の高いレプリカが世間に出回り、興味を持った人はその実物はどこにあるのだろうと探索する。そして本物はどれだけきれいなのかと、本物を見てみたいという気持ちが湧き起こるようになるはず」と述べた。

また、明るい部屋でこれまで以上にじっくり調査できるようになることで、「冨嶽三十六景」の研究も進む。これまで「冨嶽三十六景」は他の美術館などから貸し出しの依頼を受けても、劣化の恐れから貸し出すことは避けていたが、リマスターアートによるレプリカであれば、貸し出すことも容易にできるというメリットがある。それだけではない。デジタル化することで拡大して表示したり、プロジェクションマッピングで投影したり、通信やICT技術を使って日本各地に配信したりするなど活用の幅を格段に拡げることができる。

万一、博物館が自然災害などの被害を受けても、デジタルデータ化されていれば復元することもできる。このようなさまざまなメリットをあげ、森原氏は「博物館にとって高品質なレプリカをつくることにメリットはあってもデメリットはない」と伝え、理解を得ていった。

こうしていろいろな課題をクリアしつつ、「冨嶽三十六景」全図のデジタル化のいわば原点となるマスターレプリカの作成に取り組むこととなった。

約1年かけて「マスターレプリカ」を完成

　一度、試作品を作ったとはいえ、本格的に46図のマスターレプリカを作るとなると簡単にはいかない。浮世絵の和紙1本1本の繊維まで再現するレベルの、20億画素の超高精細画像を作成する作業なのだ。「右から左、左から右、上から下、下から上など、いろんな方向から光を当ててスキャニングしていました」（森原氏）

　スキャナーは作品に光を当て、その反射を利用して画像をデータ化する。それに対して「学芸員から不安だという声は確かにあった」と森原氏は言う。だが、光が当たるのはほんの一瞬。データを一度取得さえしてしまえば、二度と同じような作業は必要ない。「データ化することは、文化財の保護にもつながるんだということを、学芸員のみんなも分かってくれました」（森原氏）

　約1年後となる2019年10月、「冨嶽三十六景」全図のマスターレプリカが完成し、山梨県立博物館が認定書を発行した。「質の悪いレプリカのレプリカが出回らないように制限するため」との考えだ。

　マスターレプリカを見た森原氏の第一声は「本物そっくり」。「もちろん本物

▲「Digital ×北斎【序章】～先進テクノロジーで見えた170年目の真実～」（NTT東日本広報資料（動画）より）

と並べてみると、色合いが微妙に異なります。しかし、今の段階だと 100 点に近い出来だと思います」（森原氏）

マスターレプリカの活用が始まった

　山梨県立博物館の「冨嶽三十六景」のマスターレプリカの完成直後、東京オペラシティタワーにある NTT インターコミュニケーション・センター（ICC）で、「Digital ×北斎【序章】〜先進テクノロジーで見えた 170 年目の真実〜」が NTT 東日本の主催で開催された。

　この美術展で、山梨県立博物館が所蔵する「冨嶽三十六景」（原画 46 図）のマスターレプリカ 47 作品が初めて展示された。明るい照明の下、接近して鑑賞したり、写真を撮ったり、SNS への投稿をしたりなどができることに加え、20 億画素のデータを生かし、非常に大きく拡大した作品も公開された。そのほか 4K デジタル配信絵画や裸眼 VR[*2]、ムービングアート[*3] などのデジタル処

---

*2　VR（Virtual Reality: 仮想現実）：一般に、ゴーグル型の視聴機器などを通じて仮想の立体空間などを再現し、あたかも現実の世界にいるかのように体感させる技術をいう。裸眼 VR は、ホログラムなどの特殊映像技術を用いて、ゴーグルなしで映像の立体感を再現した技術。

*3　一見、額装された作品に見える絵画の前でアクションを起こすと、描かれているテーマに沿って絵画が動き出すインタラクティブコンテンツ。

▲ デジタルの仕掛けを施したコンテンツ例（写真または図解）

理とICTを組み合わせたコンテンツも公開された。

　この美術展に足を運んだ森原氏は、「美術館や博物館ではできない、新しい浮世絵、美術作品の楽しみ方が提示されたと思いました」と感想を述べる。レプリカの目的は「保存と活用」だ。貴重な美術品の保存という目的を実現しつつ、新しい積極的な活用が可能となることが明らかになったのだ。

　また、実際、山梨県立博物館にとってレプリカ作成の目的の一つであった、外部への貸し出しによる効果も見られた。この美術展で北斎の作品を見た人の中には、その後で山梨県立博物館も訪れた人が何人もいたからだ。

　さらに、2020年2月6日から2月19日に山梨県立博物館で「新パスポート発給・NTT東日本CM放送記念『冨嶽三十六景』特別展示」を開催し、たくさんの来場を実現することができた。「レプリカを作成しても、本物の価値を損なうことはないんだと確信を持つことができました。地域の良いものを知ってもらい、実際に地域に人を呼び込む効果があり、地域の活性化に役立つことを実感しました」と誇らしげに話す。

　博物館、美術館にとって美術資料をデジタル化することの意義とは何か。森原氏は「実物の価値を守りながら、活用の幅を拡げることができること」と力を込めて語る。高精細なレプリカのデータは、NTT東日本の通信ビルで保管され、同社の高速ネットワークにより、デジタル絵画として配信する仕組

▲「Digital ×北斎【序章】」会場風景（NTT東日本広報資料（動画）より）

みができている。

　このICTを用いた新しい仕組みを使えば、あらゆるところで、山梨県立博物館所蔵の「冨嶽三十六景」を観覧できるようになるわけだ。ICCで開催した美術展同様、配信された「冨嶽三十六景」を見た人の中には、実物を見たいと山梨県立博物館に足を運ぶ人も出てくる。また、山梨県立博物館にはパスポートに採用された「冨嶽三十六景」が収蔵されているということも広く知られていく。「デジタル化は文化財を正しく活用するための救世主になるのではないか」と森原氏は期待を込める。これまで日本におけるデジタル化による保存と活用については、海外に後れを取っていた面もあるが、これによって日本の美術館や博物館の発展に新たな道筋が見えてきたというのだ。「レプリカにはレプリカの良さ、本物には本物の良さがある。だから共存共栄できるはず。慎重かつ大胆にデジタル化を進めていくようになるのではないでしょうか」（森原氏）

　「美術資料だけでなく、日本には神社仏閣をはじめ、さまざまな文化資産があります。それを維持していくためのサポートも、民間の知恵を貸していただけるとありがたいですね」（森原氏）

　新型コロナウイルスが世界中に広がり、それとの闘いが続く時代が始まっている。そうしたなかでも、デジタルレプリカは現地に足を運べない人にも

▲「Digital ×北斎【序章】」会場風景（NTT東日本広報資料（動画）より）

時と場所を選ばず作品の感動を届けることができる。そして、ウイルスが終息し、海外からの旅行者も大勢訪れるようになる時には、さらにその価値が勢いを増すことになるだろう。

　山梨県立博物館の新しい取り組みが、日本の伝統文化をこれからどのように日本と世界に浸透させていくのか、注目されている。

※ 文中に記載の組織名・所属・肩書き・取材内容などは、すべて 2020 年 4 月時点（インタビュー時点）のものです。

新しい芸術の楽しみ方を提供
「オンライン・リアル」で演劇を上演

東急文化村

「オンライン・リアル」で演劇を上演

新しい芸術の楽しみ方を提供

東急文化村
東京都渋谷区

東京・渋谷の「Bunkamura」は日本初の大型複合文化施設で、コンサートホール、劇場、美術館、映画館など、さまざまな文化・芸術に触れることができる人気スポットとなっている。2020年4月コロナ禍による緊急事態宣言が出され全施設で休館を余儀なくされたが、7月1日からwithコロナ時代の新しい芸術の楽しみ方を提供する「Bunkamuraチャレンジ」を開始した。その一つシアターコクーンでは劇場再開の演目として、ライブ配信のための演劇『プレイタイム』を上演した。「オンライン・リアル」作品の第一歩として注目を集めている。

▲ Bunkamura シアターコクーン『プレイタイム』公演風景（写真提供：Bunkamura、撮影：細野晋司）

 # 文化・情報の発信地・渋谷で

　東京・渋谷は若者の街といわれ、若い人々が集う、新しい文化・情報の発信地として知られる。そのきっかけの一つが、1956年渋谷駅前に東急文化会館が開館したことだ。当時としては珍しく、4つの映画館や美容室、レストラン、宴会場のほか、最上階の8階には天文博物館五島プラネタリウムが入っていた。当時の渋谷は、新宿や銀座に比べると郊外の街というイメージだったが、東急文化会館のオープンはそのイメージを一新し、新しい文化やライフスタイルを発信するという役割も果たしていた。

　一時代を築いたその東急文化会館を承けて、1989年9月、大型複合文化施

▲ Bunkamura 外観

設「Bunkamura（東急文化村）」が開業した。東京急行電鉄（当時、現在：東急）代表の五島昇氏が、東急グループの事業戦略として「3Cにより豊かな暮らしを牽引していく」ことを掲げ、その3C戦略つまり「Culture（文化）」「Card（クレジットカード）」「Cable（有線テレビ）」の一環として設立された。

Bunkamuraは日本初の大型の複合文化施設で、コンサートホール（音楽）、劇場（演劇）、美術館（美術）、映画館（映像）などの各施設をはじめカフェやアート関連ショップからなり、様々な文化・芸術に触れることができるクリエイティブな空間をうたっている。ユニークなのは文化施設を運営するだけではなく、音楽、演劇をはじめとする様々な文化・芸術の自社による公演・企画を制作していることにある。

もっとたくさんの人々に楽しんで貰える文化・芸術

　開業当日、二つの劇場の一つオーチャードホールでは「バイロイト音楽祭日本公演」が上演された。バイロイト音楽祭は、ドイツの音楽祭の中でも由緒正しく、門外不出の音楽祭であり、その初めての引っ越し公演がオーチャードホールで行われた。一方、もう一つの劇場シアターコクーンのこけら落とし公演は、初代シアターコクーン芸術監督に就任した串田和美氏主宰フランチャイズ劇団の新作『A列車』だった。

　これらの演目から分かるように、Bunkamura は、「開業当時は日本全体がようやく世界のレベルに追いついてきて、さらに上をめざして至高のものを求めていた時期でもあった。このため、宝物のような舞台芸術を日本に紹介するのが我々の役割だと気合いを入れて取り組んでいた」。

　こう語るのは、現在、東急文化村の代表取締役社長を務める中野哲夫氏だ。中野氏は、東急でリゾート事業やエリア開発事業などに携わっていたが、東急総合研究所を経て、2015年に東急文化村 常務執行役員に就任した。

　中野氏は「五島氏が抱いていた『文化を通じ心から新鮮な発見と感動で満たしたい』という考えに思いを巡らせ、試行錯誤してきた30年間だった」と振り返る。

　Bunkamura ができて30年が経ち、今や文化・芸術はみんなが楽しむコモディティ化の時代といわれている。だが中野氏は「本当にみんなが楽しめるモノになっているか」と反芻したときに、まだ一部の人が楽しめるままなのでは

▲ オーチャードホール

▲ シアターコクーン

▲ **中野 哲夫** (なかの てつお) 氏
株式会社東急文化村 代表取締役社長

ないか、という思いがあるという。

文化・芸術に携わる人たちの中には、「分かる人が分かればいい」「芸術は特別だ」という人もいるが、中野氏は「それは違うと思う」と続ける。「『駕籠（かご）に乗る人担ぐ人、そのまた草鞋（わらじ）を作る人』ということわざがあるように、世の中で働く人たちはどの仕事だってすべてが気高いはず。文化・芸術だけが特別なわけはない」

中野氏は、「渋谷には銀座とも新宿とも違う進取の気風があり、チャレンジを恐れない。それを活かして、もっとたくさんの人に楽しんでもらえるものとは何か。それを考えることにしたのです」という。

渋谷という街は「変なことが受ける街。それは保守本流ではなく辺境だから。その辺境だからこそできることがある」と中野氏は言う。1994年に十八代目中村勘三郎（当時は五代目中村勘九郎）氏を中心に始めた「渋谷・コクーン歌舞伎」はその代表例だ。

コクーン歌舞伎の開催も、文化・芸術が一握りの人のものではなく、もっといろんな人が楽しめるものに広めていくためでもある。「私たち Bunkamura はチャレンジすることで、もっと生活の中に文化・芸術を広めていこうと考えました」

「オンライン・リアル」という新しい領域への挑戦

文化・芸術を広める取り組みといっても、劇場など物理的な施設で上演する限りは限界がある。「Bunkamura のホールの稼働率は90％超で、ほぼフル

稼動。客席の埋まり具合も9割を超えており、物理的にはこれ以上広げることはできません。そこで私たちももっと多くの人に観てもらえる動画配信というものを考えていかねばならないと考えていたのですが、なかなか踏み切れないでいました」と中野社長。

　そんなとき、新型コロナウィルスが日本にも広がり、政府の緊急事態宣言が出されることとなった。Bunkamuraでも、2020年4月7日からすべての施設の休館を余儀なくされ、主催公演はすべて中止せざるを得ない状況に陥ってしまった。むろん、これは初めての経験で、否が応でも受け止めざるを得ない強い衝撃だった。

　5月25日になって全国で緊急事態宣言が解除され、6月11日に一部、営業再開するが、演劇やバレエ、コンサートなどの公演は再開できる状況ではなかった。

　こうした事態を迎え、中野社長は、「動画配信について、ぼやぼやしているんじゃないと背中を押された感じ」だったと話す。躊躇していた状態から脱し、今こそ懸案の動画配信に踏み切るときではないかと決断したのだ。

　真剣な検討が始まった。だが、何を動画として配信するのか。お金を稼ぐのであればエンターテイメントに向いていくのが得策である。だが、「Bunkamuraはビジネスだけの会社ではない。金勘定も大事だが、その配信にどんな意義があるのか考えなければなりませんでした。こういうときだからこそ、なぜ芸術は大事なのか。そこを突き詰めて考えることがポイントだと考えました」という。

　文化・芸術の配信動画を受け取ったことでどんな良いことがあるのか。「文化・芸術はそれを受け取った人たちが、自分に置き換えて考えることができる。そういう自問自答する時間を提供できること。そこに価値があるのではないかと考えました」と中野氏はいう。

　自問自答するような瞬間が訪れるのは、何かを見たり、何かに触れたりして心が動かされたときである。「心が動くときとは、感動したときです。その感動を届けるような動画配信のコンテンツをどう作るのか」

　これまでも舞台やコンサートのライブ中継は行われてきた。もちろんライブ中継でも楽しめ、心動かされる時間はあるが、やはり生の舞台を直接見ることにはかなわない。

中野氏は、「動画配信でもない、単なる生の舞台のライブ配信でもない、それらが折衷した新しい分野が、これから私たちが開拓していかなければならない分野なのだと思いました。私たちが開拓していくべき領域は、オンライン・リアルだと思うのです」と話す。

リアルでも配信でもない「オンライン・リアル」を

　Bunkamura は7月1日から「Bunkamura チャレンジ」を開始した。withコロナ時代の新しい生活様式において、文化・芸術をより身近に楽しめるような新しい取り組みだ。Bunkamura チャレンジでは、音楽や演劇、バレエ、ミュージカルなど、さまざまなジャンルで、それぞれ今だからこそできる表現、内容の特別なコンテンツが準備されている。

　その一つが、シアターコクーン配信企画『プレイタイム』である。『プレイタイム』は日本の現代演劇の父といわれる岸田國士の戯曲『恋愛恐怖病』を軸に他の岸田氏の作品を織り交ぜた男女の会話劇で、主演の森山未來氏と黒木華氏が

▲『プレイタイム』より（写真提供：Bunkamura、撮影：細野晋司）

その岸田氏の世界を演じた。演出を務めたのは杉原邦生氏と梅田哲也氏。4ヶ月間休館していたシアターコクーン再始動の作品、しかも生の舞台とも舞台の中継とも違う、新しい領域である「オンライン・リアル」の作品だ。

「生の舞台とは何かということを、改めて考えました」と中野氏は続ける。生の舞台の良さは、そこで演じている役者のエネルギーを浴びられること。そして観客もそれを楽しみに来る。一方、地上波では、役者ではなくその役者が演じている役柄を楽しみに観る。

「では、その真ん中の領域をめざすオンライン・リアルでは何を伝えれば良いのか。ただ単に映しているだけでは、ハートがあ

▲『プレイタイム』より
（写真提供：Bunkamura、撮影：細野晋司）

りません。心が動かない作品になる。どうすれば心が伝わるのか。カメラのアングルや見せ方なのか。今回はさまざまなチャレンジを行いました」

この中野氏の言葉通り、『プレイタイム』は非常にチャレンジングな作品になっている。シアターコクーンの舞台裏の風景から始まる。役者2人のリハーサルの様子だけではなく、演奏者たちの音合わせ、後には観客が入退出したり、大道具や楽器が撤収されたりする様子までも映し出される。それらをすべて含めて、1時間半の作品として配信されたのである。出演者はたった3人（主演2人のほかに北尾亘氏）という演劇でも、こんなにたくさんの人たちに支えられて実現するんだという、新たな気づきと感動を視聴者に与える作品となった。

配信作品を見た後、アンケートも配布。その結果を見ると、8割以上が満足

と回答。これまで遠方に住むなど、シアターコクーンに足を運べなかった人にも鑑賞が広がり、新規顧客層の開拓も実現したという。配信の質に対する質問も行われたが、それに対しても満足という回答が得られている。

『プレイタイム』が高い評価を得られたのは、一般からだけではない。「業界関係者からも、そのスピード感を持って取り組んだ姿勢を高く評価されました」と中野氏は言う。杉原氏、森山氏、梅田氏に再始動のための作品作りをプロデューサーが打診してから、7月12日に舞台が開催されるまで異例の短い時間で、Bunkamuraとして初めてのオンライン配信作品を創り上げ、世に出したことになる。中野氏は、「多くの協力者のサポートがあってはじめて実現できました。NTT東日本にはオンライン配信の仕組みをスピーディーに整えていただきました」と述べる。

「オンライン・リアル」を支える配信の仕組みはこうだ。シアターコクーンのライブ映像を配信サーバにアップロード、そこからインターネットでオンライン配信される。オンラインチケットは4000枚余りを販売、お客様は家のテレビ、パソコン、スマートフォン/タブレットで観るという新しい鑑賞を経験した。通常は約750席だが、新型コロナの影響で100席に限定するなか、4000人の人々がオンライン鑑賞することができた。オンライン鑑賞では、安定した配信が確保されることが絶対条件だが、高品質画像で安定したストリーミング配信が行われた。映像にもネットワークにも苦情などはなかったという。

中野社長は「初めてのチャレンジでしたが、NTT東日本のインテグレーションでとてもスムーズに行きました」と繰り返す。

配信でも「心を震わせる」作品作り、新しい領域を切り開く

オンライン・リアルという挑戦は、別の領域でも新たな取り組みが行われた。東急グループの介護付き有料老人ホーム東急ウェリナ大岡山（東京都大田区）の「東儀秀樹 雅楽リモートコンサート」である。開業以来10年間、同老人ホームでは東儀秀樹をはじめとするさまざまなアーティストのコンサートが開催されており、今年は感染拡大を防ぐため、イッツコムスタジオ＆ホー

▲「東儀秀樹　雅楽リモートコンサート」風景（東急ウェリナ大岡山ホームページより）

ル 二子玉川ライズとウェリナ大岡山を結び、リモートで行ったという。また、演奏後の質疑応答はインターネットを使い、オンラインツールに切り替えて行ったという。

「ライブ配信だけではなく、インタラクティブな言葉でのやり取りがあると、やはり心が伝わりやすいと感じました。オンライン・リアルな世界では、人間の五感を刺激し、心を震わせるような作品を作っていく必要があると思います」（中野氏）

　「with コロナ」の時代に入り「ニューノーマル」が始まっている。そのような新しい社会において、文化・芸術を発展させていく一つの方向として、「オンライン・リアル」という新しい分野を開拓していくことを Bunkamura はめざしている。

「世界はきっと元には戻りません。8 割戻ったとしても、2 割は変わっていくと思います。これからどの分野でも、新しいことが始まると思うのです。いろんな人と交流し、組み合わせることで、新しい分野の開拓にチャレンジしていきたいと思います」（中野氏）

※ 文中に記載の組織名・所属・肩書き・取材内容などは、すべて 2020 年 8 月時点（インタビュー時点）のものです。

「ねぶた」をデジタルでアーカイブ化 地域の伝統を継承し すそ野の拡大へ

青森ねぶた祭

「ねぶた」をデジタルでアーカイブ化 地域の伝統を継承し すそ野の拡大へ

青森ねぶた祭
青森県青森市

青森の夏を彩る「青森ねぶた祭」は、仙台の七夕まつり、秋田竿燈（かんとう）まつりと並んで東北の三大祭りとして広く知られている。8月上旬の6日間にわたって、鮮やかに輝く巨大なねぶたが街を練り歩き、にぎやかな囃子に合わせてハネトと呼ばれる踊り手が独特の掛け声とともに跳ね回る、国内はもとより海外からも延べ285万人（2019年）もが参加する日本最大級の祭りだ。1980年には国の重要無形民俗文化財にも指定された、この壮大な祭りの華である「ねぶた」の制作工程をデジタル化し文化資産として保存し、それを活用することで次世代に伝統を引き継ぐとともに、祭りそのものの普及・発展を目指そうとする取り組みが始まった。

▲ 街に繰り出すねぶた

 ## 日本を代表する伝統的な「青森ねぶた祭」

　「青森ねぶた祭」の主役ともいえる存在が、幅9m、奥行き7mにもなる巨大な人形灯籠を山車に乗せた「ねぶた」である。歌舞伎や神話、歴史上の人物などを題材にしたものが多く、名場面での喜怒哀楽を力強く表現した顔の表情と、かっと見開かれた眼力の強さは、人の心を激しく揺さぶり高揚させてやまない。祭りの開始を知らせる花火の音が聞こえると、大人も子どももそわそわとし始め、街のボルテージは一気に上昇する。

　「青森市民にとっての『ねぶた』は、1年がそのためにあると言っても過言ではないほど、かけがえのない祭りです。自分たちの楽しみであると同時に、こ

▲ 祭りを盛り上げるハネトたち

れ以上にない郷土の誇りといえるでしょう。その祭りの象徴として欠かせない『ねぶた』を作れるというのは、私にとっては喜びであり、生きがい、人生そのものです」と、長年ねぶた作りに取り組んできたねぶた師の北村春一氏は語る。

　丸1年もの期間をかけ、ねぶた師が心血を注いで作り上げたねぶたは、そこにあるだけでも十分に迫力がある。それが夜には約20人の曳き手によって旋回したり、滑るように進んだりと、激しく動き回る。ダイナミックに光り輝きながら練り歩く姿は、生き生きとして豪壮華麗そのものだ。

　約2時間にわたるねぶたの道行きに付き従うのは、大太鼓や篠笛、手振り鉦などで編成された囃子方と、色とりどりの衣装に身を包んだ踊り手の「ハネト（跳人）」だ。1台のねぶたを500〜2000人のハネトが取り巻き、にぎやかなお囃子に合わせて踊りながら祭りを盛り上げる。漢字で「跳人」と表すように、ぴょんぴょんと飛び跳ねるようなエネルギッシュな踊り方が特徴で、子どもから大人まで腰や首などにぶら下げた鈴を「シャンシャン」と鳴らしながら、威勢のよい「ラッセ、ラッセ、ラッセラー」の掛け声を響かせる。

合間には白塗りの顔に奇抜な仮装を身につけた「バケト（化人）」が登場し、怪しげながらユーモラスな仕草で観客の笑いを誘う。鮮やかな色の洪水と歓喜乱舞の大歓声に、いつしか沿道の見物客も自ら掛け声をあげて祭りに参加し、街は熱気と興奮の渦に包まれ一つになっていく。

　一台、また一台とそれぞれに趣向を凝らした22台のねぶたが現れ、作品の出来栄えや、従えるハネトや囃子の一体感を競い合い、魅力を余すことなく見せつける。そんな夢のような行列が毎晩続き、最終日の夜には上位賞を獲得した5台のねぶたを船に乗せて海上に並べ、その背景に花火を打ち上げるというのが恒例だ。美しい花火に酔いしれながら、誰もが祭りを満喫した充足感と終わってしまう寂しさを感じ、短い青森の夏が過ぎていくのを実感するのだという。

人々の思いが反映された「無形の財産」を次世代に

　普段は穏やかで辛抱強い性格という青森の人々が、祭りの6日間にはまるで

▲ 最終日の花火と船上のねぶた

抑えていた何かを発散するかのように乱舞する。その爆発的なエネルギーが昇華したのが、力強く色鮮やかなねぶたといえる。そんな思いのこもったねぶたも、祭りが終われば壊されてしまう。ねぶた祭を紹介する青森市の文化観光交流施設である「ねぶたの家 ワ・ラッセ」に展示されたり、使用した和紙を団扇や照明器具などに再利用する活動も活発化してはいるが、ほんの一部に過ぎない。ほぼすべてのねぶたが、祭りの後には跡形なく消えてしまうのだ。

北村氏は「保管する場所もないし、仕方ないですよね。それで前作に捉われることなく、次の年へと気持ちが切り替わりますし、昔から誰もがそういうものだと思ってきましたから」と笑うが、まさに"無形"の民俗文化財の宿命といえるだろう。

「ねぶた」は県内各地で行われており、弘前を中心にした南部の中弘南黒地区では「ねぷた」と呼ばれ、青森を中心とした北東部の東青地区とは人形灯籠や掛け声も異なれば、雰囲気もまた違う。いずれにしても、長い歴史と伝統を持つ祭りとして少しずつ様式は変わってきたとはいえ、いわば"カタチ"を

▲ 北村春一（きたむら しゅんいち）氏　ねぶた師

残さない「無形」の文化資産であり、だからこそ祭りを愛し、さまざまな形で支える人々の情熱があってはじめて、次の世代に引き継がれていく。担い手が不足すれば、祭りの開催に支障が出るだけでなく、これまで受け継がれてきた文化や伝統まで消えてしまう運命にある。

こうした圧倒的なスケールと華やかさ、独自の伝統と長い歴史を持つねぶた祭にも、近年、課題が浮かび上がっている。それは、北村氏も指摘しているような、祭りの動員者数の減少や、ねぶたを支える担い手の不足などだ。

観客動員数は、1997年の約380万人をピークに減少傾向にあるのは否めない。2011年には300万人を割り、その後一時回復したが、ここ数年は280万人前後で推移している。さらに見物客の中でも団体旅行客が減少し、祭りの主要な売上である有料の観覧席の販売高は減少しつつあるという。そして、新型コロナウイルスの影響はさらに深刻だ。県をまたいだ観光や団体客の集客に制限が加わることになれば、これまで行ってきた運営方法が成り立たなくなる可能性もある。

また、青森ねぶた祭を支える担い手も年々、減ってきている。担い手とは、ねぶたを作るねぶた師やその作業を担う職人、山車の曳き手、ハネトやバケト、囃子方、そして祭りの見物客まで幅広い関係者が含まれる。

ねぶた祭を支えるすそ野を広げるために、ねぶた師として活躍してきた北村氏自身もねぶたの勉強会の講師を引き受けたり、SNSで「ねぶた小屋」の見学ツアーを募ったり、ねぶたを知ってもらう活動を積極的に展開している。

「そうした機会を持つことで、ねぶたの文化や技術に親しみ、応援してもらえるようになればと思っています。とはいえ、やはり作業現場は危険もあるので、普段は立入禁止にしており、頻繁に見学会を開催することは難しいのですが。でも、何らかの形でできるようであれば、お見せしていきたいと思っています」(北村氏)

「ねぶた小屋見学」は決して多くの人が見学できるわけではなく、北村氏も講師に専念するわけにもいかない。さらにねぶたを支える地域を活性化するには、地元や関係者だけでなく、ねぶたに参加したい、観に行きたいという人を増やすために、県外、海外にもすそ野を広げていくことが不可欠だ。

「これまで私も海外に出かけたり、東京でイベントを行ったりしていますが、費用がかかるだけでなく、現物なしで『ねぶた』の魅力を伝えるのは、な

▲ ねぶたの家 ワ・ラッセ

かなか難しいものがあります。しかし、近年は、ライブ配信が手軽にできたり、ディスプレイに映し出す VR/AR[*1] で疑似体験ができたりと技術も進化しています。

　これらの技術やインターネットを使えば、迫力や臨場感に溢れるねぶたの魅力をより多くの人たちに伝えることができるかもしれません。『ねぶた』を知る人にはもっと愛着を持っていただき、まだ知らない人には『ねぶた』を観に青森に来たいと思ってもらえる。そうしたすそ野を広げる活動を進める必要があると思っていたのです」（北村氏）

　このような北村氏のねぶたへの思いと活動のなかで、NTT 東日本は「ねぶた祭のアーカイブ化」への取り組みを進めている。もともと NTT グループは地元企業としてねぶた祭には昭和 25 年（1950 年）から参加し、積極的に推進

---

*1　AR（Augmented Reality：拡張現実）：カメラなどを通じて見える実際の空間にデジタル画像や映像、情報などを重ね合わせて見せる技術

してきた。ねぶた祭が戦後再開された当時、電電公社として参加して以来、全部で22体のねぶたのうち1体をずっと守ってきた。近年は、地方創生の動きのなかで、地域の活性化を目指した事業に取り組んでおり、その一環としてねぶた祭の発展に様々な形で力を注いできた。

　そして、今回は、ねぶた祭という地域の大きな文化資産をNTT東日本が得意とするICT(情報通信技術)でデジタル化・アーカイブ化し、それを活用することによって、祭りの保存と継承、さらにすそ野拡大を図ろうとしている。ねぶた祭に大きな役割を果たしてきたねぶた師の北村氏と連携し、この新しいプロジェクトが始動している。

ねぶた師に求められる経済的自立と温故知新の気風

　ねぶたを制作するねぶた師は、伝統技術にもとづく職人的な面がありながら、芸術的な独創性も求められる難しい仕事だが、時代の変化により、昔とはまた異なる問題を抱えているという。かつては町単位でねぶたを作成していたため、春には町内の男性が仕事後に集まってねぶた作りに取り組むのが習わしだった。それが祭りの拡大とともに制作技術が向上し、得意とする人が大型ねぶたの制作を請け負い、専門化し、いつしか「ねぶた師」と呼ばれる職業となった。

　さらに現在は、町単位ではなく企業がスポンサーとなってねぶた師に大型ねぶたを依頼する形になっている。ねぶた師になろうにも、自立するためにはスポンサーから指名される必要があり、その枠は祭りの運営上22体までという狭き門だ。現在、ねぶた師と呼ばれるのは14人ほどだが、10年以上かかるという修業時代には経済的自立が難しく、後継者が育ちにくいという問題もある。実際、北村氏も父親である北村蓮明氏に師事し、厳しい修業を経て2011年からNTT東日本の大型ねぶたの制作を担っている。

　「私の場合は、タイミング的なものもあって割合早く指名をいただいて、独立することができましたが、それだけでは食べていけない時期もありました。現在は、祭り以外のねぶたのイベントや造形の作成などに幅を広げることで、ようやくねぶた師としての仕事で自立しています」

そんな北村氏の「祭りのための」ねぶた作りは、祭りが終わった翌日から始まり、まさに「1年がかり」といえる。まずは歌舞伎やさまざまな史実、物語などの資料をひも解き、頭の中でイメージを膨らませ、アイディアスケッチを重ねながら、具体的な構想を練り上げる。テーマ案として仕上がり予想図である「下絵」を完成させ、スポンサーにプレゼンテーションを行うのは、雪が解ける3月頃だ。

　「半年間は、寝ても覚めてもずっとねぶたのテーマや見せ方ばかりを考えています。ねぶた師はテーマからデザイン、制作の監修までをすべて担う、いわば映画監督みたいな仕事。アウトプットとして提出する現物の10分の1の縮小版という下絵は、私にとって完成がイメージできる設計図そのものなのです」

　昭和初期の頃は作られるねぶたのテーマのほとんどを歌舞伎の題材が占めていたが、近年では日本書紀のような神話や、三国志や水滸伝などの中国の歴史もの、葛飾北斎などの浮世絵、地元青森の民話や伝承など多方面に題材を求めるようになっているという。

　北村氏が自分の作品の中でもひときわ印象に残っていると語るのが、2018年

▲ ねぶたの下絵『瓊瓊杵尊と木花咲耶姫』（北村春一 作）

に初めて知事賞・優秀制作者賞を受賞した『西王母の祝福』だ。

　「NTTグループねぶたが出陣60回、そして平成最後の年ということで、"お祝い"の気持ちを表したいと思いました。天女界の女王的存在である西王母が、周王朝の穆王の治世に感銘をうけて、三千年に一度実を結ぶという不老長寿の桃を与えて祝福したという大変ハッピーな物語で、メモリアルにふさわしいと思いました」（北村氏）

　題材となった西王母は女性であり、勇壮さを是として武者や英雄が好まれるねぶたとしては珍しいテーマだ。さらに色合いにも柔らかな中間色を多用し、力強い色合いで描かれた穆王とのコントラストが印象的で、原色ばかりの作品の中でも目を引く。

　「女性が表に出て活躍することも増えた時代に、女性が主役のねぶたがあってもいいんじゃないかと考えました。そこで、難しいと言われながらテーマとして選び、女性の持つ優美な雰囲気や柔らかさを出すことに挑戦したのです。そんなふうに伝統を守りながらも、新しい風として時代を反映させてこ

▲『西王母の祝福』（北村春一 作）

そ、生きた『ねぶた』になっていくように感じます」（北村氏）

　北村氏をはじめ、新旧のねぶた職人のたゆまぬ探究心や温故知新の精神が、伝統であるねぶたを今につなげてきたともいえる。例えば、昭和30年代頃は骨格部分を竹ひごで作っていたものが、より細かな表現ができる針金へと置き換わり、ろうそくもまた電球へ、近年はより安全性の高いLEDへと変わった。技術的にはさまざまな色が表現できるLEDを使いながらも、それでもあえて温かみのある色を中心に使うのは"火祭り"としての伝統を重んじているからだという。

　「何が祭りにとって大切なのか、本質的な伝統をきちんと守りつつ、新しいものを取り入れていくことが、今後のねぶたにも求められると思います。それはデジタルテクノロジーについても同じことが言えるでしょう」（北村氏）

　「工程の中でも最も神経を使うのが、出来上がった型に顔の墨入れをする『書き割り』です。和紙の特性上、天候にも左右され、気持ちが定まらないとなかなか取り組めません。おそらくうちのスタッフでも書いているところを見たことがない人のほうが多いのではないでしょうか。もちろん私も自分で自分を見られませんから、改めて自分のやり方を見直すことで、何か新しい気づきや学びが得られるかもしれません。おそらくアーカイブが役に立つとしたら、もう少し後になってからでしょう。私自身が過去の文献や浮世絵などからヒントを得て作品に活かすように、デジタルアーカイブで私の作業を見ることで何かを得てもらえるとうれしいですね」（北村氏）

動員・担い手不足を解決しすそ野を広げる

　アーカイブ化の取り組みについて、北村氏はねぶたの制作工程における技術支援や後継者育成を推進する面とともに、もう一つの側面があると強調する。それはねぶたを次世代に引き継いでいくためにねぶた祭そのものの活性化を促進するということだ。

　北村氏は「ねぶた師は『ねぶた』ありきの仕事なので、まずはねぶた自体が発展し、より多くの人にその価値を認められることが必要だと思います。そのためには、ねぶたに関心を持つ人たちのすそ野を広げることが重要だと考えています」と語る。

▲ ねぶた制作の様子

　それはそのまま、青森という地域についてもいえることだ。先祖代々受け継がれてきた無形の文化的資産であり、地域の人々の心の拠り所であると同時に、ねぶたは地域経済においても重要な役割を持つ。かつて大学や銀行が試算したねぶたの経済効果は300億円とも500億円ともいわれている。地域の存続・発展のためにも、ねぶたの存続、発展は欠かせない。

　また、ハネトのなり手についても、さまざまな議論がなされ、そのたびに増減が生じていた。かつてはハネトが増え過ぎたり過激化したりして問題となったこともあったため、運行ルートや開催時間などの規制を行ったところ、2014年には5万人を切るようになってしまった。そこで正式な衣装を着ていれば観光客でも自由に参加できるようにしたことで、近年は9万人台まで回復している。とはいえ、バケトや囃子方の方は後継者が不足しつつあり、それぞれ公認の保存会や同好会などを設立し、市内だけでなく外部からの参加者も増やすべく活動中だという。

　そうした活動を支援する企業や団体は市内にも多く、また各自治体でも取り組んでいる。国としても、1980年に重要無形民俗文化財に指定した。NTT東日本も、青森支店にねぶた事務局を設けて北村氏をバックアップし、社員が台上げなど節目の作業で手伝ったり、広報面でサポートしたり、企業とし

てさまざまな支援を行っている。

　NTT東日本青森支店で本プロジェクトの事務局を担う担当者は、「社員の中にはプライベートで休日に手伝いに行く人もいます。新入社員や他県から赴任した人も、地域の活動に興味をもって北村さんのねぶた小屋の見学や手伝いに行きます。ねぶたを知るというのは、青森という地域を知ってもらうこと。地域に親しみ、役に立ちたいという思いが私たちの仕事には不可欠であり、NTT東日本がめざす地域貢献という観点からも重要だと思っています」と語る。祭りの当日も、囃子方や運行管理に参加したり、家族を連れてハネトに参加したりなど、支店をあげて臨むという。

　北村氏も「NTT東日本のバックアップは心強く感じています」と語る。「ねぶたは、ねぶた師1人で作るわけではなく、骨組み・紙貼り・蝋書き・色付けなど数ヶ月にもわたる一連の作業を協働で行う制作スタッフ数十人に加え、ボランティアも含めると、延べ300人以上の協力があって出来上がるものです。『あの部分は私が貼った』などと、ねぶたと少しでも関わりができれば、『自分たちのねぶた』という気持ちが生まれ、地域に対する愛着も自然と増すのではないでしょうか。そして、県外に出た時に誇りに思ってもらえるよう、そして自分の言葉で『ねぶた』について語ってもらえるとうれしいですね」（北村氏）

▲ ねぶたの台上げ

すそ野を広げるためのテクノロジー

　ねぶたのデジタル化とアーカイブ化を実現し、それをさらにねぶた祭のすそ野拡大につなげるには、新しいテクノロジーと取り組みが必要となる。NTT東日本はデジタル化したねぶたとねぶた祭の映像コンテンツを格納し、それを全国様々な場所で再現できる仕組みを用意している。そして、全国に張り巡らされたネットワークの高速性を活かしてVRやARで再現する取り組みがその一つだ。高速通信とVR/ARは親和性が高く、スポーツやイベントへの活用が進みつつある。ヘッドマウントディスプレイを装着して「ねぶた」の疑似体験を楽しんだり、ネットワークを介して遠隔地でもリアルタイムに祭りの様子を伝送・再現したりということも可能となる。

　また、ねぶた祭のすそ野拡大という点では、コロナ禍の難しい状況を踏まえて、迫力ある映像を立体的に映し出すプロジェクションマッピングや3D映像で、遠隔地でねぶたを再現することも考えられる。むろん、頻繁に入れない「ねぶた小屋」での作業の様子や、出来上がった下絵などの詳細なアーカイブなど、さまざまなデータをさまざまな形で活用することで、魅力ある訴求

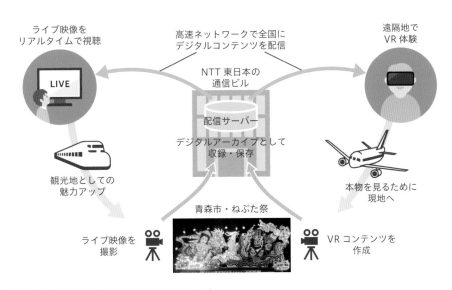

▲ ねぶた祭のデジタルコンテンツ配信のイメージ

がかなうだろう。ねぶた祭のデジタルコンテンツを遠隔地でVR体験してもらい、本物の魅力に触れるために現地に行ってもらうという循環こそ、地方創生のテコになるだろう。

「想像すると楽しいですよね。とはいえ、どんなに技術が進んでも、やっぱりライブは強いと思うんです。本物の祭りの現場でしか体験できないこと、感じられないことは必ずあります。なので、私としてはデジタルコンテンツとして楽しんでいただいたうえで、最終的には青森に来て、ぜひとも祭りに参加していただきたいです。『本物のねぶたをリアルで観てみたい！』という気持ちを起こさせるような、そんなアピールができればいいなと思っています」(北村氏)

青森以外にも広く全国、全世界に配信され、それによって興味を持った人が青森を訪れる、それがねぶた祭に生きてきた北村氏と地域の人々の何よりの願いなのだ。

2020年のねぶた祭は新型コロナウイルスのため開催中止となったが、朗報もあった。同年9月、青森市のねぶた祭の紹介や地域のための各種イベントの会場として「HAnet Station(ハネットステーション)」が新たにオープンしたことだ。地域文化の継承・発展や観光活性化等の地域貢献の空間と位置づけ、NTT東日本青森支店が同ビルの1階にその場を設けている。

HAnet Stationでは、主な提供機能として次のものを掲げている。

- NTTグループねぶた歴代写真のデジタルコンテンツの展示
- ねぶた制作過程の紹介やねぶた制作教室等のワークショップの開催
- 「Digital ×北斎」サテライトミュージアムの展示
- その他、各種オンラインイベント、リモートワークスペース、非常時の携帯電話充電設備の提供など

会場には、北村氏が監修したねぶたの制作過程を紹介するコーナーが設けられており、下絵から骨組み、紙貼りまでの様子が道具とパネルを使い分かりやすく展示されている。さらに、北村氏が過去に制作した歴代のねぶたの面や写真(デジタルコンテンツ)なども展示されている。

そして、ねぶた制作教室では、北村氏自らが講師を務め、月2回程度、ラ

▲ 大型スクリーンによる運行映像の放映

▲ ねぶたの面の展示

イト、アンドン、凧絵の制作教室を開催している（2020年10月現在）。

　北村氏は、コロナ禍で祭りが中止になった分、そのエネルギーを全力投球でこのHAnet Stationに注ぎ込んだかのようだ。

　「新型コロナで、ねぶた祭が戦後初めての中止になったと聞いたときは、正

直、私たちにとって死にも値するほどショックを受けました。しかし、青森人は日本の中でも辛抱強く、粘り強いともいわれています。必ずや次回はみんなで力を合わせてこれまで以上にすばらしい『ねぶた』をご覧いただき、皆さんを元気づけられるような祭りにしたいと思っています」（北村氏）

さらに、北村氏は、こう続ける。「こういう事態だからこそ、HAnet Stationで行われる新しいテクノロジーの活用にとても期待しています。コロナ禍のなかでもアフターコロナでも、このような取り組みによって青森に来る前、来たときにねぶた祭と青森の良さを発見してもらい、もっと多くの人に、さらに何度も青森に来て貰えればと思っています」

貴重な伝統を守りつつデジタルの最新技術を活用することで、重要な文化的資産である「ねぶた祭」を保存・継承し、青森という地域にさらに貢献する。文化的アーカイブに加え、地方創生の観点からも取り組みが期待されている。

※ 文中に記載の組織名・所属・肩書き・取材内容などは、すべて2020年10月時点（インタビュー時点）のものです。

歴史を引き継ぐ港町の盆祭り 花火大会運営にICTを活用し 伝統を継続

木更津港まつり

歴史を引き継ぐ港町の盆祭り 花火大会運営にICTを活用し 伝統を継続

木更津港まつり
千葉県木更津市

▶ 木更津港まつりの花火
（写真提供：木更津市）

　古くから港町として栄え、現在は「東京から一番近い田舎」として人気を集め、移住してくる人も多い千葉県木更津市。8月のお盆に開催される「木更津港まつり」は、昭和23年（1948年）から木更津港開発に尽力された先覚者の霊を慰め、この港を広く内外に紹介し、重要港湾としての木更津港の復興と併せて、かずさ地域の産業観光振興並びに住民の連帯意識の高揚を図ることを目的に開かれてきて、毎年30万人もの人々が訪れる地域最大のイベントだ。市民はもとより多くの人々の夏の楽しみとなってきた。しかしながら警備の負担が年々増大し、警備員の確保や祭事運営の効率化が大きな課題となるほか、開催を左右する天候予測や仮設トイレの配置問題など、屋外イベントならではの悩み事も少なくない。木更津市では、そうした地域祭事における負担軽減を目的に、ICTを活用し、伝統ある祭りの継続を実現するための取り組みを行った。

地元の歴史の象徴「木更津港まつり」

　千葉県の中西部に位置し、東京湾に面した木更津市は、温暖な気候と豊富な海の幸により古くから栄え、ヤマトタケル伝説や源頼朝の逸話なども残る歴史ある街だ。地名に「津（舟着き場の意）」とついているように、中世には漁業に加えて房総から鎌倉に上る渡船場としても栄え、江戸時代には幕府から江戸と木更津間を結ぶ「木更津船」などの特権が与えられた。やや小型の輸送船が東京湾内を縦横無尽に走り、物品の運送はもとより人を乗せた旅客船としても活躍していたという。その勇壮な様子は、歌川廣重『山海見立相撲　上総木更津』にも描かれており、目にした人も多いだろう。

　明治期以降も、廃藩置県では2年間ながら「木更津県」が置かれるなど、房総の政治的・経済的中心都市であり続け、昭和初期には海軍の航空基地もできて軍都としても発展した。現代では、交通の流れは陸路が主役になり、東京湾アクアラインの開通で東京・神奈川への玄関口が変わったとはいえ、木更津港が街のシンボルであることに変わりはない。

　木更津に生まれ育ち、現在も木更津市の経済部 観光振興課で課長を務める伊藤昌宏氏は、祭りの始まりについて次のように説明し、子ども時代の記憶を懐かしむ。

　「まさに『港』を中心として栄えてきた街だけに、地元には港を造り支えてきた方々を敬う気持ちが根付いており、それがお盆の先祖供養とあいまって『木更津港まつり』の開催につながったといわれています。第1回は終戦すぐの昭和23年でしたから、美しい花火が戦争で傷ついた人々の心をどんなに癒やしたことでしょう。その後しばらく、私が子どもだった頃までは、木更津っ子にとって7月の

▲ 伊藤昌宏 (いとうまさひろ) 氏
　木更津市 経済部 観光振興課長

八剱八幡神社のお祭りと8月の港まつりが夏の何よりの楽しみで、当日の夕方になるとそわそわしたものです。当時はまさに“地元のお祭”という雰囲気でした」

住民交流の場「やっさいもっさい踊り大会」

　JR木更津駅のみなと口からまっすぐに港に至るメインストリートの富士見通り、そして港を見渡す一帯が今も昔も「木更津港まつり」の舞台となる。花火と出店がメインだった“地元のお祭”が徐々に規模を拡大し、大掛かりなパレードなども開催されるようになり、さらに1974年からは、祭りの初日である8月14日に「やっさいもっさい踊り大会」が始まった。

　「やっさいもっさい」とは、木更津船の船頭が往来の際に唄っていた船唄が起源とされ、市内を流れる矢那川上流の船着場の「矢崎」「森崎」(やさきもりさき)が訛ったといわれている。後に幕末や大正期に「木更津甚句(木更津節)」として歌われるようになり、全国的にも知られるようになった。そのうち「やっさいもっさい」が囃子言葉のように受け取られ、「そこのけ、そこのけ」という意味で使われるようになったという。まるで屈強な船頭や人足が肩で風を切るような姿が目に浮かぶようではないか。

「掛け声で『おっさ、おっさ』というのもあるのですが、これは地元の方言で『そうだよ、そうだよ』と同調する意味があります。『みんなで楽しもう！いっしょにやろう！』という思いが込められているんですね。というのも、ちょうど『やっさいもっさい踊り』が始まった1974年頃は高度成長期で、京葉工業地帯が拡大し新日本製鐵君津製鐵所が発足して10年目を迎えたこともあり、市の人口が急激に増えた時期でした。もとから長く住んでいた人と新しく来た人が仲良く融合して、街をもり立てていこうという思いで始められたと聞いています。その時に作られ、今も使われている祭り囃子の歌詞にも『みんながおとなりどうし』とあるように、老若男女が一緒になって踊り、街を練り歩きます」

　以前は町内会が主だったが、今は企業や子ども会などでも「連」と呼ばれるグループを作り、揃いの半纏や浴衣などに身を包んで踊りながら通りを進んでいく。1つの連の踊り手は数十人から多いものでは数百人にもなり、昭和後

▲ やっさいもっさい踊りで通りが埋め尽くされる

期には140連以上・12000人近くが参加した年もあったという。

「通りの長さ・広さに対してさすがに参加人数が多すぎたこともあり、当時は、進まない、終了時間を大幅に過ぎてしまう、などの問題が起きていました。そこでルールや運営手法を整備したところ、近年の参加人数は4500人程度、観衆も4万5000人ほどに落ち着いてきました。とはいえ、会場となる通りは踊り手と見物客で埋め尽くされ、多くの出店の賑わいもあいまって盛り上がりますね。また1990年代の終わり頃からはテレビドラマやバラエティ番組、SNSなどの影響で、市外から参加される方の連も加わり、それ以前とは違った雰囲気に少しずつ変わってきたように感じます」

観覧者が急増し「花火大会」の警備が課題に

本来の目的である先祖を敬う気持ち、そして港や街に対する愛着はそのままに、参加する人の顔ぶれや雰囲気が時代とともに変化していくのは、やは

り人々の生活に密着した「地元のお祭」だからだろう。

しかし、その変化がさらに顕著なのが、「やっさいもっさい踊り大会」の翌日、8月15日に開催される「花火大会」だ。

地元の人がのんびりと楽しんでいた木更津港まつりの花火大会は、いまや県内外からも人を集めるビッグイベントになった。1975年の約10万人から観客は右肩上がりに増え、1995年頃から現在に至るまで毎年25〜29万人を保っている。木更津市人口が約13万人であるのに対し、倍以上の人々が花火を見に押しかけるという計算だ。当然ながら、大多数が市外からであり、近年は海外からの来訪者の姿も増えたという。

「木更津港にかかる中の島大橋の周辺から約1万発の花火が打ち上げられます。海上から上げるので、比較的近くに寄って見ることができ、とにかく大きく見えますし、どーんという音の体感があって迫力があります。羽田空港に降りていく飛行機と重なって見えるのが面白いという人もいますし、暗い海に花火が映る様子は本当に美しいですね。3組の花火師さんにお願いしているのですが、それぞれの競い合いが楽しみという"通"な見方をする方もいらっしゃいます。やっぱり超特大のスターマインと2尺玉の連続打ち上げは最大の見どころで、豪華なフィナーレは見ごたえがあります」

関東最大級ともいわれる花火大会としてメディアに紹介されるほか、近年はSNSなどに掲載された写真が人出の増加につながっているようだ。

「以前は花火の音がし始めてから出かけても、普通に港まで歩いて行けましたが、今は30分も前には人でごった返して、たどり着くのが難しくなりました。混み始めたのがいつからなのか、資料を見ると確かに毎年徐々に増えてきているのですが、特に1994〜1995年くらいから急に5万人くらい増えていますね」

人数が増えると悩みどころなのは「警備」だ。他県では過去に花火大会の混雑による群集事故も発生しており、地域祭事についてより安心・安全な運営が求められるようになった。特に警備においては、自治体職員や市民ボランティアだけに頼らず、「警備計画の中の雑踏警備」によって、警備業検定取得者である警備員を一定数確保することが必須条件となっている。

木更津港まつりでも、事務局を務める市が中心となって警備計画を綿密に作成し、警察や駅関係者などさまざまな関係者と連携しながら運営に当たってい

る。2日間で市職員の約45%に当たる延べ463人が運営に当たり、警察署や交通安全協会の協力の下、警備員446人が道路等の警備に当たる。そのうち419人が花火のための警備だ。しかし、夏のイベントシーズンでもあり、全国各地で主要祭事への来場者が増えて警備員の需要が高まったことで、人員の確保が難しくなり、警備費自体も5年間で約1.3倍に高騰するようになった。

全国では、京都府の「宇治川花火大会」、神奈川県の「神奈川新聞花火大会」、福岡県の「西日本大濠花火大会」など、警備員・警備費不足を含む安全確保の観点から継続が困難になり、廃止・中止にまで追い込まれた地域祭事が少なくない。ある報道によると、「この2年間で、全国のおよそ50の祭りや花火大会が中止、または大幅な規模縮小」になったという。やはり「観客の安全を確保できない」「警備費がまかなえない」などがその主な理由となっている。また、日本最大級の祭りである大阪府の「天神祭」や徳島県の「阿波おどり」なども安全対策の課題に苦慮しているという。連綿と続いてきた歴史ある「木更津港まつり」でも、その恐れがないとはいえない状況にある。

「実際、市の大会負担額は東日本大震災後の2012年から急激に増えており、特に東京オリンピック・パラリンピックを控えた2019年はコストが10年前の約2倍になり、警備費を含めた安全対策費がこの約半分を占めています。2020年は新型コロナウイルスの影響で中止となりましたが、試算では今後この数字を超えることが予想されており、祭りを継続していく上で警備費の抑制が重要課題となっています」

しかし、当然ながらコスト抑制によって「安心・安全」を疎かにすることはできない。ICTを活用することで、確保できる警備員でより効率的、より効果的な警備を実現することはできないか。そこで伝統を守るため、NTT東日本とのプロジェクトが始動することになった。

 ## カメラ映像の人流分析で混雑を可視化

より効率的・効果的な警備のために、まず重要なのが「現状把握」だ。流動的な人の動きを把握することで、適切な警備員配置や誘導案内が可能になる。「過去の情報から混む場所はだいたい把握していましたが、意外なところが混雑したり、時間帯によって増減が変わったり、どうしても流動的です。平均

して警備員を配置するより、混雑してトラブルが起きそうなところにこそ、重点的に警備・誘導を行いたい。しかし、基本的に祭りの最中には事務局は花火の会場に近いところに設置され、対応に追われています。なかなか離れた場所からリアルタイムで混雑を把握するのは難しいというのが実状です」

　来場者の動線としては、JR木更津駅まで電車で来る人の流れ、そして駅の東側の駐車場に自動車を駐めて来る人の流れ、それぞれが港をめざして富士見通りをまっすぐ歩き、木更津港を右手に見た交差点で北側の有料席方面と西側の潮浜公園に分岐していく。前日からの席取りを認めておらず、当日の早い者勝ちで場所の確保が行われているため、混雑にはばらつきがある。そして、人の流れのピークはやはり大会終了後に訪れる。花火が終わると、港周辺にいた人たちが一斉に帰路に就く。駅までの大通りの混雑はもちろんのこと、駅の反対側にある駐車場まで線路を越える通りは近くには2つしかなく、細い通りは人であふれかえるのが通例だった。近年は、警備員からも「何とかできないか気にしていた」という声があがっていたという。
「車は通行止めにしているのですが、それでも混雑がひどく、特に踏切については大きな事故につながりかねないという心配がありました。そこで、すで

▲ 花火終了後、人であふれかえる踏切付近の道路

▲ 踏切付近の電柱にライブカメラを設置[*1]

にIoTを活用した鳥獣害対策などで協働していたNTT東日本と相談し、ライブカメラによって混雑状況をリアルタイムに把握する取り組みを行うことにしたのです」

　街灯があるとはいえ、夕方以降は薄暗い環境であることから、暗闇でも判別可能なネットワークカメラを高い位置に設置。その映像をインターネットを通じてクラウドにアップすることで、歩行者の流れや人数を運営本部からでもリアルタイムに把握できるようにした。なお、その際にはカメラに写った人を個人情報を含まない人形（アバター）に置き換えて匿名化した画像を送付してAI分析を行うとと

▲ カメラに写った人物をアバターに置き換えた画像の例[*2]

*1、*2　カメラの設置と活用は、経済産業省「カメラ画像利活用ガイドブック」に準拠して行い、個人情報の保護に関する法律等関係法令を遵守して実施。

もに、通過した人の数を自動カウントするなど定量的なデータ取得も併せて行った。

「当日は、クラウドから運営本部のサイネージに映像を映し出して、警備責任者が現場の様子を見ながら、人員の追加派遣や配置調整などを行いました。時間の経過とともに、刻々と状況が変わる画像をリアルで見ることで、『音声だけで現場からの状況を聞くよりも、的確な指示が出せる』と評価されていました。私も話には聞いていましたが、実際にリアルタイムで状況を見ることができ、改めて混雑具合に驚きました。このように一時的に混雑が発生する特定の場所、時間帯を対象に、カメラをタイムリーに設置できたことのメリットは非常に大きかったと思います」

　定点カメラを設置することで、継続的に観測ができ、時間を追った混雑状況が定性・定量的にデータとして収得できるのもメリットだ。これを分析して、今後の警備計画に役立てることができる。

「今回は1カ所でしたが、とても多くのことが分かりました。想像していないこともリアルで把握することができました。まずはその場における時間ごと

▲ 運営本部のテント内に設置されたサイネージ（写真中央部）

▲ サイネージのライブ映像を見ながら警備責任者が指示を出す

　の警備員の配備計画に反映させていきたいです。今後は何カ所かに配置して、全体の流れが把握できるようになれば、警備員の配置だけでなく、誘導の方法や方向、交通規制の計画などにも役立てられると思います」

気象予測情報を正確に把握

　毎年多くの観客動員を実現してきた「花火大会」だが、悪天候のため過去に2度ほど中止されたほか、雨天のため翌16日の打ち上げとなり観客数を大きく減らした年もある。

「屋外でのイベント開催においては、やはり天気の心配は避けて通れないですね。イベント直前まで天気はずっと気にしていますが、木更津は地域気象観測所がやや内陸側にあり、海の方の天気とまったく異なることがあります。特に花火大会は雨以上に風の影響を受けやすく、地上風速10m以上の強風が10分間以上継続して吹き、安全性を損ねると判断された際には中断・中止もやむをえないということになります。多くの人たちが楽しみにし、運営とし

てもがんばって準備してきましたから、できるだけ中止は回避したいわけです。また、住民の方々にも納得してもらうためには、判断理由を示す必要がありました」

　そこで、気温や時間ごとの天気、ゲリラ豪雨等の異常気象予測までデータを取得し、サイネージにも表示することとした。通常の気象予報は予測対象範囲が広い上、1日数回程度なので時間ごとの変化が捉えきれないことが多い。しかし、今回活用した気象予報システムは1kmメッシュでの詳細天気図や上空の風の様子などまで細かく取得でき、さらに更新頻度が30分に1回と高いため、天気の状況をリアルタイムで把握できるようになっている。
「このときは、ちょうど台風が近づいており、当日の予報では雨で、地上風速は7mを越えそうな天候状態でした。今までであれば、これをもとに花火が破裂する上空の風速を予測するのですが、ピンポイント天気予報では上空の風速まで計測でき、予報では10mを大きく下回ることが明らかでした。さらに翌日に延期してもかえって雨風が強くなることが予測できたため、当日開催を決定したのです」

　幸い当日は雨も風も影響を受けることなく、スムーズに開催・運営ができた。ピンポイント予報によって開催決定は吉と出たのだ。もちろん、いざ開

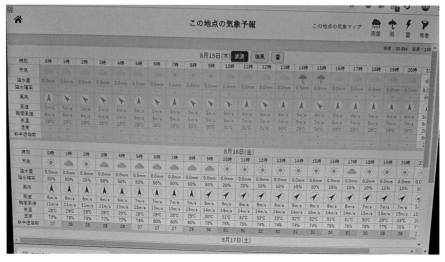

▲ サイネージに表示した気象予報（協力：株式会社ハレックス）

催してみても、風が強くなり、花火師が危険と判断すれば、中断もやむをえない。

「気になったら常にサイネージを見て確認していました。ざっくりとした天気予報だけだったら、いつ雨が降るのか、風が強くなるのか、いつもハラハラしていたと思います。今回の予報は30分ごとに変化するので、その後の予測が立てやすく、『この流れなら大丈夫だろう』と確信をもって判断できます。おかげさまで、当日は安心して花火を見ることができました」

　今後は決行可否の判断だけでなく、雨に濡れると支障が出たり大きな損害になりかねない機材もあるので、その準備の可否や、上空の風速情報を踏まえた打ち上げタイミングのコントロールなどにも活用することを想定しているという。

仮設トイレの使用状況をセンサーで可視化

　警備計画や天候などの条件が揃い、無事に開催されても心配事はさまざま。例えば、参加者の不満が出やすいのが「トイレ問題」だ。清潔感や設置場所もさることながら、効率的に回転しないと長蛇の列を生むことになり、満足度が大きく低下する。とはいえ、トイレもレンタルゆえ、コスト面から適正数を適正位置に配置することが必要だ。

　そこで、今回の取り組みでは、仮設トイレの混雑状況の可視化を目的として、各トイレに「混雑状況可視化システム」を導入した。仮設トイレの個数としては、祭り全体で22カ所に合計188基設置されているが、そのうち1カ所に配置した10基ほどのドアにセンサーをつけ、開閉によって利用状態を把握できるようにした。そして、何時ぐらいから混み出すか、占有率はどのくらいになるのかなどがひと目で分かるよう、データ分析を行ってグラフ化。サイネージやスマホアプリでトイレの混雑状況をリアルタイムで確認できるようにした。

「利用回数を見てみると、大会前後の10分以内に最も使われていることが分かりました。想像以上に皆さんギリギリで使っている。そこで次回以降は混まない時間からトイレを利用いただけるよう、早めの声がけが必要だと感じました」

▲ 20カ所に設置された仮設トイレ

▲ 仮設トイレのドア開閉を感知する
　センサー（協力：株式会社バカン）

　また、意外な発見だったのが、一番奥の1〜2基が使われていない時間が断続的に数十分もあったことだ。薄暗くなっているため、利用しているかどうかが分かりにくいことが理由と考えられ、次回以降には奥のトイレが空いていることを告知したり、空室時にはランプが点灯したりなどの工夫が必要であることが分かった。

　「使用状況が可視化されたことで、効果的な声がけや誘導が可能になれば、混雑を緩和し、行列の解消につなげることもできるでしょう。今回の取り組みは1カ所のみでしたが、さらに数カ所の比較をすることで、トイレの配置計画にも活かせるのではないかと考えています」

　ほかにもセンサーについては、駐車場やゴミ箱、救護室などにも応用できるのではないかと期待を寄せる。また、今回はサイネージへの掲載とともに

トイレの混雑状況をスマートフォンで見られるような仕組みも用意されたが、イベント開催中は回線混雑でつながりにくく、実用が難しいことも確認された。今後はせっかくの情報を共有できるよう、例えば Wi-Fi との組み合わせで情報取得スポットを用意するなど、ネットワークについても屋外イベントを意識した準備を進めていく予定だ。

連綿と続いてきた地元祭事を継承する

このように、ライブカメラによる通りの混雑状況のリアルタイム監視、ピンポイントでの天候予測、そしてセンサー検知によるトイレの混雑状況の把握と、それぞれさまざまな課題意識のもとで、多種多様な技術やツールを用いて効果を検証することができた。一見するとバラバラの施策に見えるが、いずれも大勢の人が集まる「屋外イベント」には共通となる課題であり、その解消のためのソリューションとしての最適化が求められている。

「今後はさらに労働人口の減少により、警備の人材確保が難しくなっていくと予想されます。屋外イベントについては、少ない人数でいかに効率的に警備・運営を行いながら、来場者の安心・安全を守り、快適さなど満足度を上げていくか、大きな課題であることは間違いありません。とりわけ、地域の祭事においては支え手も減少しており、警備員だけでなく、後継者の不足も大きな課題です。

私たちも鎮魂の祭事として連綿と続いてきた先人たちの思いを次世代につなげ、地域の活性化やさまざまな人々の交流の場としても『木更津港まつり』を継続させていきたいと思っています。そこに ICT などテクノロジーを有効に活用できることを期待しています」

さらに今後は「with コロナ」の時代として、ニューノーマルな生活の中で、人が集まるイベントを開催するに当たってはさまざまな知見やノウハウが必要になることは明らかだ。

新しい社会の仕組みの中で伝統を守りつつ、地域の祭事を継続させていくためにも ICT の利用は必須と言えるだろう。

「昨年までは、このような人手不足とコストが中心課題でしたが、今年から新型コロナという新たな課題も加わってきました。コロナ禍で祭りを続けてい

▲ 木更津市経済部観光振興課の「木更津港まつり」運営担当者
　伊藤氏（左）、西岡秀晃氏（右）（中央は木更津市のマスコット「きさポン」）

くことが困難になり、全国のお祭りが相次いで中止になっています。コロナ
の時代に向けて、密の回避を工夫するだけでなく、祭事のあり方そのものも
考えるべき時が来ているように思います。今回のNTT東日本との取り組み結
果を踏まえ、一緒に検討を重ね、新時代の祭りやイベントにつなげていけれ
ばと思っています」

※ 文中に記載の組織名・所属・肩書き・取材内容などは、すべて2020年7月時点（インタビュー時点）のも
　のです。

登り窯の伝統技術を継承する
焼成作業の映像・データを蓄積

増穂登り窯

登り窯の伝統技術を継承する
焼成作業の映像・データを蓄積

増穂登り窯
山梨県南巨摩郡富士川町

日本の伝統工芸である「陶芸」。焼成の一つである「登り窯（のぼりがま）」は日本各地で古くから使われ、いわば伝統技術の集大成ともいえる。しかし、その多くが職人の勘や熟練の技に委ねられ、窯が廃れればともに技術も消えゆく運命にある。そうなる前に「伝統の技」をデータ化し、後世への伝承に活用できないものだろうか。その課題意識のもと、山梨県の増穂登り窯（ますほ）でIoT活用による「登り窯焼成公開」の取り組みが行われた。

▲ 登り窯に薪をくべる

 ## 消えゆく伝統技術や文化資源の存続

　日本の陶芸の歴史は世界的にも古く、約1万2千年前まで遡るという。当時は日本各地で炎を模したかのような縄文土器が作られ、その後、簡素で優美かつ実用的な弥生土器、古墳からも出土した土師器（はじき）が登場し、その多くが古墳時代初頭まで野焼きされていたと言われている。そして、古墳時代中期には中国や朝鮮からろくろ技術や窯による焼成技術などが伝わり、須恵器（すえき）と呼ばれる青灰色で硬質な土器が作られるようになった。当時は地下式・半地下式の登り窯を用いていたが、1100度以上の高い温度で還元焔焼成（かんげんえん）することで強く焼き締まり、実用に耐えうる強度を実現したのである。その後、熱効

率の向上と大量生産を意図して大窯が出現し、江戸時代には焼成室を階段状に重ねた連房式の登り窯が登場し、品質の均一化と大量生産を実現した。そうした薪窯の進化、多様化とともに日本各地でさまざまな土や風土を活かした焼き物文化が発展した。

　薪窯は、日本の陶磁器づくりの歴史を受け継いだ伝統工芸の手法として欠かせない存在だ。しかしながら、焼成室を重ねた登り窯は規模も大きく、斜面を活かした広大なスペースが必要で手間がかかること、また排煙など周囲への配慮が求められること、そして職人の勘や熟練の技を必要とすることから年々焼成を行う窯元が減りつつある。それは伝統的技術の継承機会をも失うことにほかならず、陶芸文化そのものに影響が及ぶのも時間の問題といえる。そもそも陶芸を取り巻く状況は決して安泰とはいえない。趣味としての陶芸は今でこそ中高年を中心に安定的な人気を得ているが、伝統工芸の職人の世界では高齢化が進み、後継者不足に悩む状況にある。その点においても技術と文化の継承が危うくなりつつあるといえる。

伝統的な登り窯の技術を修得

　こうした事態に対し危機感を抱いていたのが、山梨県富士川町で登り窯による陶器づくりに取り組む「増穂登り窯」代表の太田治孝氏だ。陶芸の職人の多くが師匠とともに仕事をしながら技を引き継ぎ、長い時間をかけて独り立ちしていくが、太田氏が陶芸を始めたのは40歳の頃。それまでは多岐にわたる芸術分野で才能を発揮したことで知られる池田満寿夫氏（1934 － 1997）のもとで仕事をし、作陶パートナーとして薪窯焼成技術を研究し始めたのが「増穂登り窯」を開窯したきっかけだ。

　「池田さんは薪窯で焼いた作品が一番自分らしいと言い、『安土桃山時代と同じ薪窯を復活させればもっと面白いものができるのではないか』という話に至りました。そこで適度な傾斜があって薪窯を作るのにふさわしい土地を探して、山梨県の富士川町に窯を開いたんです。当時は首都圏でも10カ所ほど薪窯がありましたが、やはり陶芸の世界は閉鎖的だったんでしょうね。技術を教えてくれるところがありませんでした。そこで文献を読んだり、実際にテストを繰り返したりしながら、四苦八苦して技術を修得してきたんです」

▲ 太田 治孝（おおた はるたか）氏
増穂登り窯 代表

太田氏は設立当時をそう振り返り、「窯を開いてからもう30年が経ちますが、その間に560回以上も窯を焚き、現在は納得のいく技術レベルにまで引き上げることができたと思っています」と胸を張る。

増穂登り窯では、山梨県内のアカマツやスギ、ヒノキなどの間伐材を薪として使用するなど、自然エネルギーだけで陶器を焼成している。環境に配慮した高い技術が評価され、2007年度のストップ温暖化活動コンテストでは優秀賞を受賞するなど注目される存在だ。現在は8基の窯を持ち、中でも池田氏が考案し太田氏も開発に尽力した「池田満寿夫八方窯」の独自性は業界でも高く評価されている。

「なにしろ薪窯に関してはゼロからの出発でしたからね。属人的な体験と勘だけに頼ることなく、途中からは焼成室の温度を測るなど、科学的なアプローチも重ねていきました。自分たちの体感と実際の温度、そして最終的な完成品の出来を突き合わせて、答え合わせをするような感じでした」

まず20度くらいから焚き始め、最初の12時間は150度に保ち、その後1時間ごとに50度ずつ上げていき、最終は1230〜1250度になったら10時間ほどキープして、次の焼成室に横から薪をくべて同様に温度を上げていく。それを焼成室の数だけ繰り返すのが基本だが、例えば一つ目の室は焼き締め、二つ目の室は釉薬が少しかかっているというように、窯に入っているものによって温度を若干変えていく。そして火が消えたらそのまま放置して自然に温度が下がるのを待つという流れだ。

▲ 各窯に設置された温度計のデータを送信

温度を測るといっても、相手は1200度以上にもなるような高熱の窯だ。そこで温度計と計測技術は、ネットワーク機器・電源関連機器の専門メーカーにサポートしてもらった。野外の窯内に付けたセンサーから、電波を用いて計測値を送るという最初のテストは、2018年から行われていた。

「始めの頃は自分たちの窯の焼成技術向上のために、温度管理をしてきたのですが、だんだんと、薪をどのくらい、何時間くべたかで温度を推測できるようになり、温度計がなくてもできるようになりました。一方、人に技術を継承するためには数値化されたデータも必要だと思うようになったんです」

登り窯の焼成過程を視覚化し体験

太田氏は、こう振り返る。「窯を構えて30年経って気がついてみると、周りから登り窯をやる人が消えていて、趣味として「登り窯で焼きたい」という人はいても、焼成技術まで担おうという人はまずいなくなっていました。そこで改めて、自分がいなくなったらこの場所での登り窯という陶芸文化が途絶えてしまうことに気づいたんです。

そもそも山梨という土地は、いわば日本の焼き物の原点ともいえる縄文土器がたくさん出るところです。私が独自にやってきたと思っていたことも、実は多くのご先祖が積み重ねてきた技術の上にある。その思いに至ったとき、私も日本の陶芸の歴史の一部を担っていることに気づき、技術を途絶えさせ

▲ 間伐材を薪として使用する

てしまうことに危機感を感じるようになりました。

　増穂登り窯では、太田氏が作品づくりを行うのに加え、会員制でプロ・アマチュア陶芸家にも窯を開放している。焼成技術の継承にも力を入れており、これまで取得してきた温度データを60人ほどいる会員に提供してきた。

　「自分一人で作業をする分には、全部自分の頭の中にある経験や感覚で進めることができます。しかし、初心者も含めて複数名で協力して作業するためには、明確な指標が必要となります。そこで窯の内部を温度計で測定した結果を1時間ごとにグラフに落とし、それを共有するようにしました」

　そんな太田氏の取り組みに、陶芸専門誌の出版社が注目し、2019年のゴールデンウィークに向けて、薪による登り窯焼成の様子をパソコンやスマートフォンを通して仮想体験してもらうイベントの企画が持ち上がった。

　「窯への火入れは年に10回ほど行いますが、1回につき2週間はかかる大事業です。焼成する作品の窯入れに3、4日間かけて薪をくべ、その間どんどん焼成室の温度が上がっていく。さらに火が消えてからも1週間も時間をかけて冷ましていきます。温度の変化は陶芸をよく知る人にとって面白いとは思

うのですが、どうせならもっと初心者や陶芸に馴染みのない方にも見ていただけるようなイベントにしたいという話になりました」

話し合いを進めるなかで、事前に登り窯での焼成を希望する作品を募集し、抽選で当選したものを窯の中に並べるというアイデアが出てきた。そしてさらにライブカメラを設置して窯や作業の様子を撮影し、逐一変化する焼成温度のデータとともに視覚化してライブ配信してはどうかということになった。

「ライブカメラで協力していただける連携先を探していたところ、NTT東日本が合流してくれるということになり、カメラやWi-Fiなどの環境をお願いすることになりました」

こうして関係者が合流し、「未来につなぐ伝統とIoTの環（わ）、山梨から贈る陶芸仮想体験」と題して、誰でもどこでも登り窯焼成を体感できる"新感覚の陶芸仮想体験イベント"を実施することになった。報道発表を行い、陶芸出版社の陶芸専門誌で、窯で焼成する作品を募ったところ、50組限定の募集だったにもかかわらず想像以上の応募があり、当初の予定を大幅に超える約150名分600点の焼成を無料で行うことにした。

太田氏はこう言う。「技術の継承という点では、直接私の技術を引き継いでくれる人はまだ現れないし、文章などですべてをまとめられるものでもない。窯への火入れを映像、データとともにネットで公開するという話が出たときに、そういう方法があるのかと思い、実行することにしたんです」

温度データと映像を組み合わせて保存

八つの窯のうち、三つの焼成室が連なる「登り窯」が取り組みの対象となった。温度測定については、温度センサーと計測システムを導入した。外気温と三つの焼成室の温度を計測し、それらの温度データを有線で計測装置に送り、そこからLPWA[*1]を通じてサーバー装置に送信、光回線を通じてクラウドへ蓄積させた。

ライブカメラについては、夜でも撮影が可能な高精度のネットワークカメラを選定し設置した。カメラの1台は一つ目の窯口が見えるところ、そしてもう1台は脇から窯全体が見渡せるところに取り付けられた。

[*1] Low Power Wide Area：携帯電話システムと比較して低速ではあるが、低消費電力で数kmから数十kmの通信が可能な広域性を有している無線通信方式。

「ライブカメラに期待したのは、窯の様子を誰でもいつでもどこからでも見られるようにすることで、臨場感を感じながら焼成を"仮想"体験してもらうことです。陶芸ファンはもちろんですが、初心者や陶芸にあまり縁のない人でも『薪を使った登り窯での焼成』という伝統的な技術に興味を持ってもらいたいと思ったのです。また技術の伝承という意味では、温度データと併せて映像を取得し突き合わせることで、実際の作業内容とそれによる温度変化が分かるような記録にしたいと思いました。例えば薪を何本入れたから温度が上がったのか、途中どのくらいの時間扉を開けて空気を入れたのか、温度データの推移と突き合わせれば、タイミングややり方を知ることができます」

　窯詰めがスタートし、火入れがその3日後。そして、その1週間ほど前からカメラでの映像データの取得が始まり、当選した作品を登り窯の中に並べていくところから映像配信が開始された。その後、薪をくべる様子や夜に窯の火でうっすら明るく見える様子、焼き上がった作品を取り出すところまで、昼夜を問わず約14日間の全行程をノンストップで撮影して配信し続けた。映像データはWi-Fi通信によって事務所のサーバーに送られ、そこから光回線を通じてクラウド側に用意された専用ポータルサイトに表示され、イベントが始まると同時にYouTubeでもライブ配信された。ポータルサイトでは焼成室内の温度をグラフ化したものがライブ映像と一緒に掲載され、パソコンやスマートフォ

▲ ネットワークカメラを設置し、ライブで撮影

ンからいつでもどこでも、そして誰でもリアルタイムで閲覧できるという仕組みだ。

「すべてが ICT で解決できるとは思いませんが、現状では技術を持つ人や窯がなくなってしまえば、そのまま技術も廃れてしまいます。たとえ、後継者が途絶えても、次の世代で興味を持った人が復興したいと考えたとき、何らかのデータが残っていることで役に立つこともあるでしょう。映像については、窯入れや窯出しの様子など、見ている人が楽しんでくれたのでよい PR になったと思っていますが、技術的なアーカイブとして役に立つかどうかはこれからです。ただ、私たちにとっては当たり前のことでも、技術を修得したい人が見れば、情報の宝庫となるでしょう。少なくとも窯を開いたばかりの頃の私なら、食い入るように見ていたでしょうから」

太田氏は今回の取り組みのデータを公開することも許諾しており、ゆくゆくは誰でも活用できるようにしたいという。これは徒弟制を重んじ、技術を公開したがらない陶芸の世界では全く異例のことだ。

▲ ライブ配信された温度データとライブ映像

「私自身が師匠から学んだわけでなく、試行錯誤でした。また、池田満寿夫という芸術家の存在がなければ、ここまで面倒で大変なことはできなかったかもしれません。同じようにこれから独学で伝統工芸を学ぼうという人がいると

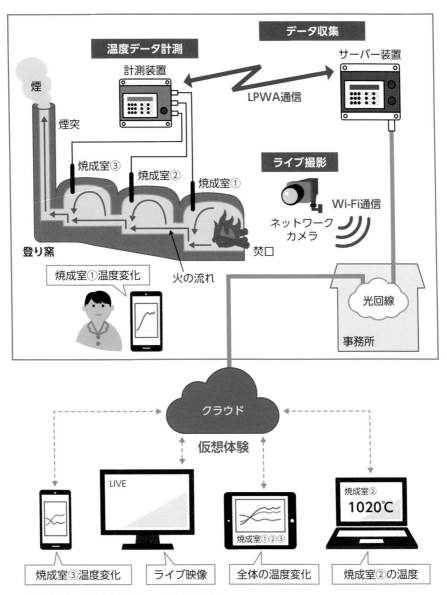

▲「増穂登り窯の火入れ」公開イベント配信の仕組み

すれば、せめて私が体験してきた大変さを少しでも楽にできるよう、技術の継承を手伝えればと思っています。今ならまだ教えられることもあるかと思いますが、私もいつかはこの仕事ができなくなるでしょう。だからこそ、次の世代のために何らかの形で残せるものがあるとしたら、こんなにうれしいことはないですね」

国内だけでなく海外から問い合わせも

　約14日間にわたるイベントには、作品を焼成することになった人々の中から約50人が参加し、また、「増穂登り窯」の会員も太田氏の作業を手伝うために集結して大賑わいとなった。SNSでもPRがなされ、ポータルサイトおよびYouTubeも多くの閲覧を獲得。さらには地元のテレビの取材も入り、閲覧数が伸びた。

　「イベントがテレビで放映されたこともあって想像以上の反響があり、驚きました。こうした文化資源は人が注目してくれることで存続していくかもしれ

▲ 作品を窯詰めして焼成する

ないし、登り窯で焼いた焼き物の良さを知ってもらえるよい機会になったと思います」

　さらに動画はYouTubeでもリアルタイム配信を行い、世界のどこからでも閲覧できるようにしたことで、海外からの問い合わせも複数あったという。

　太田氏は、改めて振り返る。

　「これは私見ですが、世の中が便利になればなるほど、人は反動で手をかけたくなるのではないでしょうか。簡単に手に入るものではなく、手間と時間をかけたものを大切にしたくなる。その延長線上に伝統工芸や技術に対する関心の高まりがあるように思います。またグローバル化が進むほど、その地域にしかない文化財に心惹かれるとも聞きます。そうした便利さやグローバル化の反動で、消えゆく伝統技術を惜しむ気持ちが生まれているのではないでしょうか。私は伝統工芸は求められる場所で生まれ、育っていくものだと思っています。むしろ閉鎖的に内向きになって技術を隠すのではなく、外に発信する方が仲間を増やし、業界や地域の活性化にもつながるのではないかと思います」

▲ 順に上の小口に薪をくべていき焼成する

▲ 焼き上がった作品を確認

※ 文中に記載の組織名・所属・肩書き・取材内容などは、すべて 2019 年 7 月時点（インタビュー時点）のものです。

第2部

◇◇◇

地域の文化・芸術を「活かす」

独自のデジタル復原技術で
本物の感動を再現
モネ、北斎の所蔵者が公式に認定

株式会社アルステクネ／
株式会社アルステクネ・イノベーション

独自のデジタル復原技術で
本物の感動を再現
モネ、北斎の所蔵者が公式に認定

株式会社アルステクネ／
株式会社アルステクネ・イノベーション
東京都調布市/山梨県甲府市

和紙一本一本の繊維の質感まで再現できる、世界でも類を見ないデジタルアーカイブ技術を独自に開発。これにより絵画や文化財を知財化してアートの可能性を拡げるとともに、埋もれている歴史的文化財を地域活性化の起爆剤とすることができる。アルステクネは「リマスターアートテクノロジー」によりデジタルアーカイブの新たな未来図を描こうとしている。久保田巖代表取締役 CEO に、独自技術開発の経緯とデジタルアーカイブ作品活用の展望を尋ねた。

世界的ブームが再燃する
北斎の浮世絵

　浮世絵は、17世紀の後半に菱川師宣が基礎を築いた風俗画である。当初は墨一色の簡素な版画だったが、やがて摺りの色の数が増え、特に多色刷りの絢爛な浮世絵は「錦絵」と呼ばれ人気を集めた。なかでも喜多川歌麿や歌川廣重などの作品は、海外でも芸術性が高く評価され、ゴッホやゴーギャンをはじめ近代西洋絵画に多大な影響を与えたといわれている。こうした19世紀末のヨーロッパにおける日本趣味ブームは「ジャポニスム」と呼ばれ、世界的によく知られている。

　現在のヨーロッパでは「第二次ジャポニスム」ともいえるような、新しいアートの潮流が湧き上がっている。ドイツでは2011年に、日独交流150周年を記念した「葛飾北斎展」が開催された。その後、北斎展はパリ、ロンドン、ローマの各都市を巡回して北斎ブームを巻き起こし、欧州での盛り上がりは現在も続いている。

　こうした機運のもと、2019年11月1日から翌2020年2月28日にかけて、東京・初台のNTTインターコミュニケーション・センター（ICC）にて、「Digital×北斎【序章】〜先進テクノロジーで見えた170年目の真実〜」と題した美術展が開催された。会場では、山梨県立博物館が収蔵している葛飾北斎の代

▲「日独交流150周年記念　北斎展」（2011年）のポスター：マルティン・グロピウス・バウ（ベルリン）（画像提供：国際交流基金）

表作「冨嶽三十六景」のマスターレプリカが、最新の ICT を組み合わせたさまざまな表現方法で展示された。[*1]

本マスターレプリカは、「高精細記録再現、及び原画比較構成を行い、原寸大で忠実に復元した、展示用作品であることを証する」として、山梨県立博物館より公式に認定された唯一のもの。

最新デジタルカメラの約 100 倍に当たる 20 億画素の解像度でデジタル化された「冨嶽三十六景」の何点かは、40 × 25 センチメートルほどの原版から 2 × 1.2 メートルにまで拡大プリント。これにより、当時の浮世絵職人たちの多彩な技法や北斎の繊細な筆遣いが、間近で見られるものとなった。

また、額縁に入れられたほぼ原寸大の絵画は、高性能な 4K ディスプレイで精細に映し出され、その摺り跡や紙の素材感も含めて、あたかも本物が展示されていると見間違うほどの精巧さで再現された。これらデジタル絵画のデータは、厳重に管理された NTT 東日本の通信設備から、同社の光ファイバーを介して高速配信されているものだ。

さらに、ゴーグルなしでも疑似的な立体感を作り出す裸眼 VR（バーチャルリアリティ）、一見本物の絵画に見える作品の前で人がアクションを起こすと、絵画がリアルに動くムービングアートピクチャーなど、多様なデジタルアプリケーションを活用。うねる浪と揺さぶられる舟、何層にも緻密に創られた荒海や、桜の木々の隙間に見える遠景の重なりなどが忠実に再現され、デジタル化で明らかになった浮世絵の新事実や、再発見された北斎の魅力を楽しみながら体感できる展示となっており、多くの来場者の好評を得た。

これらの展示に用いられたマスターレプリカの制作者である株式会社アルステクネ／株式会社アルステクネ・イノベーション（以下、アルステクネ）代表取締役 CEO の久保田巖氏は、本展示に対する思いを次のように語る。
「近年、日本文化の海外発信といえば、アニメやサブカルチャーなど、いわゆるクールジャパン系が大きな注目を浴び、一種のムーブメントとなっていました。しかし、古来からあった日本文化の深みや多様性も海外に広く理解してもらうべきだと思いますし、そのための新たな発信も求められていると思っています。そのための次のアプローチとして、日本の文化財、ファイン

---

*1　第 1 部 1（「山梨県立博物館」の章）参照

▲ 久保田巌（くぼたいわお）氏
株式会社アルステクネ／株式会社アルステクネ・イノベーション 代表取締役 CEO

アート[*2]をデジタルアーカイブにして、コンテンツとして活用していこうという形が、これから先に向け、大きな可能性を秘めていると考えています。そのことを証明する一例が、今回の『Digital ×北斎【序章】展』でした」

◆ 1990年代後半から始まった デジタルアーカイブの潮流

　久保田氏によれば、「デジタルアーカイブ」は、1990年代に提起されていた言葉で、「有形・無形の文化資産をデジタル情報の形で記録し、その情報をデータベース化して保管し、いつでも閲覧・鑑賞、情報ネットワークを利用して発信できるようにする」というコンセプトだという。当時はインターネッ

[*2] 日本語の「純粋芸術」に該当する概念で、一般には、芸術的価値の創造を主とする創作活動、または創作物を意味する。絵画、彫刻などの造形美術をはじめ、さまざまな芸術分野に及んでいるが、商業芸術、応用芸術、大衆芸術などと対比、あるいは区別する概念として、用いられることが多い。

トの普及期であり、美術品などをデジタルで画像化する試みが注目を集め、デジタルアーカイブは第一次ブーム迎えた。

　例えば産業界では、印刷技術を保有する企業を中心にアート作品等のデジタルレプリカを作る動きがあり、大学ではデジタルプリントに人の手による加筆などを施すというハイブリッドな方法が示された。

　一方、こうした美術品などの複製・再現とは別に、デジタルアーカイブをより広範囲にさまざまな用途に向けて活用しようという動きもみられた。例えば、画像データベースに保存したデジタルコンテンツを一般に公開し、有償でインターネットを通じて配信する試みなどもそうした動きの一つだ。

　このように、1990年代後半から始まったデジタルアーカイブの研究と開発だが、2000年代に入りITバブルの崩壊やリーマンショック、さらには東日本大震災などの影響で一時停滞してしまう。しかし2010年代以降の国を挙げてのクールジャパン戦略、インバウンド／アウトバウンド効果、そして東京オリンピック・パラリンピックへ向けた気運のなか、デジタルアーカイブへの関心は今まさに再燃しつつある。2019年から2020年の年をまたいで開催された「Digital×北斎【序章】」展は、デジタルアーカイブの進化と新たな幕開けを告げるイベントだったといえるだろう。

◆ オルセー美術館のリマスターアートから 「冨嶽三十六景」へ

　アルステクネは2012年、文化財のデジタル化と活用を専門としたベンチャー企業として設立された。代表の久保田氏は、大手電機メーカーで主に画像・映像分野のエンジニアとしての経験を経たのち、独立してアルステクネを創業。独自に、3次元の微細な情報を集めて行う極めて高品位の画像記録処理技術を開発し、世界でも類を見ないアート作品のデジタルアーカイブ化に成功した。

　アルステクネは、この名画の色彩と質感を忠実に再現する技術とこれを核とするリマスターアート[*3]の技術で、フランス国立オルセー美術館に高く評価

---

*3　3D画像解析技術と高精細画像で、絵の具の盛り上がりや絵筆のタッチまでも忠実に再現した原画に限りなく近い復原画

▲ オルセー美術館

され、リマスターアート 102 点を同美術館と共同で制作。その作品はマスターレプリカ認定を受けている。

　そのアルステクネが、2019 年に新たに取り組んだのが、葛飾北斎の名作浮世絵「冨嶽三十六景」のデジタルアーカイブ化だった。その経緯を久保田氏は次のように語る。

「オルセー美術館とのコラボレーションの流れで、山梨県立美術館が所蔵しているミレーの『種をまく人』をデジタル化し、それをパリに返したいという想いがありました。」

　山梨県では起業・創業に関わるベンチャーを対象にさまざまな支援を行う「Mt.Fuji イノベーションキャンプ」が毎年開催されていた。アルステクネは、このミレーの『種をまく人』のパリ里帰りによる「デジタル文化交流プロジェクト」を考案し、2016 年度優秀賞を受賞していた。

「その縁で山梨県の関係者とつながりができ、山梨県立博物館に素晴らしい北斎の『冨嶽三十六景』があることを教えてもらいました。そこで、普段は展示されていないのですが、特別に収蔵庫で作品を観察させていただいたのです。この体験は、本当に鳥肌が立つようなものでしたね。実物を見ると、こんなに繊細で手間暇かけて作られた美しい作品なのかと。この真実は、ぜひ広く

世界に伝えなければならないと思いました」

　世界の一流美術作品を見てきた久保田氏をして、鳥肌を立たせるほどの魅力を持つ北斎の作品であるが、浮世絵版画は酸化や紫外線にたいへん弱く、光に当てるとわずかな期間でも変色してしまう。そのため常設展示ができず、年に5日ほど、しかも5作品ずつしか展示されていなかった。「このような劣化しやすく展示が難しい作品こそデジタル化が適しており、私たちの仕事だと直感しました」と久保田氏は話す。しかも、折よく世界規模の北斎ブームが続いており、山梨県も北斎作品をデジタル化して保存・活用することには、十分な理解を示してくれた。

　こうして、国内屈指の保存状態といわれる山梨県立博物館所蔵の「冨嶽三十六景」全46図が、アルステクネにより高品位でデジタル化されることになったのだ。

　しかしここでひとつの課題が浮上する。オルセー美術館の作品も「冨嶽三十六景」も、それぞれの国の宝である。限りなく原画に忠実に復原された画像データが、不測の事態で流出し、勝手に流通するようなことになったら、まさに国家的損失だ。貴重な情報資産をどのようにして管理していくかは、避けて通ることのできない課題だった。

　期を同じくして、NTT東日本の社員が前述の山梨県が開催するキャンプの

▲ 山梨県立博物館（エントランス外観）

神奈川沖浪裏

凱風快晴

深川万年橋下

甲州犬目峠

▲ 山梨県立博物館蔵の「冨嶽三十六景」の一例

実行委員会に県から委託を受けメンターとして参加していた。そこで、デジタルアーカイブの管理と活用に ICT を用いることを久保田氏に提案した。

　久保田氏も、デジタルアーカイブの保守と運用に、NTT 東日本のアセットが非常に相性が良いことを実感していた。この提案は、課題解決への大きな前進の一歩となった。そして、その課題が解決されると、次なる展開の道も開けていった。

「NTT 東日本と協業すれば、デジタルデータが安全に管理されるだけでなく、日本中に張り巡らされている光ファイバー網を活用でき、高速高品質で配信ができる。デジタルアーカイブの新たな活用という点でも、そこに大きなチャンスがあると思いました。一方、NTT 東日本では、地域の文化・芸術を継承し、さらにその活用によって地域を活性化しようという取り組みを行っているので、私の取り組みとの接点が非常に多いと感じました」

　こうしてアルステクネと NTT 東日本との協業が始まり、「Digital ×北斎【序章】」展が開催されることになった。アルステクネの技術によってデジタル

アーカイブ化された「冨嶽三十六景」は、NTT東日本にてセキュアに保管され、高速通信や最新のICT技術、多様なアプリケーションを織り交ぜ、展示会に配信された。

◆ 3次元情報を限りなく精密に 2次元に落とし込む

　オルセー美術館のリマスターアートにも、そして「Digital×北斎【序章】」展で展示されたデジタル絵画にも、その中核には、DTIP（Dynamic Texture Image Processing）というアルステクネ独自のデジタル化技術が用いられている。

　この技術を別の言葉で表現すると、「超高品位 質感情報 記録処理技術」いわば3次元情報を限りなく精密に2次元に落とし込む技術である。これまでの手法では、例えば1枚の絵画を記録する場合、従来の写真撮影の延長で、対象に一定方向からの光を当て、その反射を平面的で密度の均一な撮像素子で取得し、2次元のピクセル情報に成形し記録していた。

　しかし、目を凝らして現物を見れば、絵画は3次元の存在であることがわかる。多層に塗られた絵の具が透けていたり、意図的に部分的な光沢を出していたり、筆跡が影を落としていたりと、極めて立体的なものである。したがってその見え方は、光の当たる角度や条件によって全く違ってくる。金や銀、雲母の煌めき等はそもそも色ではないし、物質固有の質感を意図して用いられている。このため、平面画像の密度をいくら上げても、本当の見え方、美しさに迫るには限界があった。

　そこでDTIPでは、対象となる作品ごとに、最も美しく見える状況を想定し、さまざまな角度からの光線画像を取得。それらを元に3次元的な分布図を作成した上で、最適な状況へと再変換するのだという。
「この再変換の際、光の方向や陰影を表す部分を微妙に強調することで、これまでの複製画では再現できなかった立体的な質感やタッチをより本物に近い形で復原できるようになります」（久保田氏）

　さらに、20億画素という極めて高い解像度で読み取ることで、肉眼では判断できないレベルで原画に近づいたデジタル化が実現した。

　また、この技術は浮世絵の奥深さの再発見にもつながる結果をもたらした。

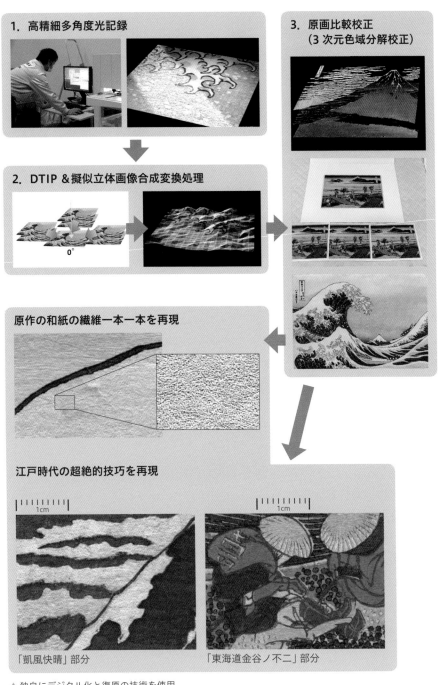

1. 高精細多角度光記録

2. DTIP ＆擬似立体画像合成変換処理

0°

3. 原画比較校正
（3 次元色域分解校正）

原作の和紙の繊維一本一本を再現

江戸時代の超絶的技巧を再現

1cm

1cm

「凱風快晴」部分

「東海道金谷ノ不二」部分

▲ 独自にデジタル化と復原の技術を使用

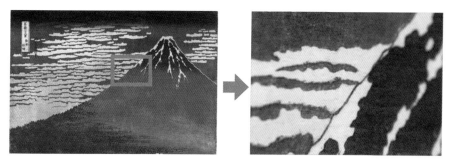

▲ 浮世絵の手漉き和紙を拡大

　浮世絵が摺られている手漉きの和紙は、繊維の方向が一定ではなく密度も均一ではない。しかし江戸時代の摺師たちは、この非常に柔らかな変容する素材の特性と、そこから生じる繊細な効果を見越して浮世絵を摺っていた。一方、彫師は、版木を彫り込む小刀の角度にすら変化を加えた。既に失われつつあるそうした作り手の意図が、和紙の風あいと繊細で大胆な摺り跡、細密な刻み跡から、強烈に伝わってくると久保田氏は解説する。

　これまで、浮世絵の微細な技法と魅力は、作り手たち自身と、実物を手に取って見ることのできた江戸時代の人たちしか知り得なかった。その魅力が現代に蘇り、私たちも体感できるようになったのだ。

◆ デジタルアーカイブが拓く可能性

　美術館や博物館には、保存・公開・研究という３つの社会的使命がある。欧米の美術館や博物館は公開に力を入れ、日本では保存に力を入れる傾向が強く、公開についてはあまり積極的ではない。貴重な美術品や文化財を守り受け継いでいくことは大切だが、知的財産の有効活用という点では、日本の美術館・博物館はまだ多くの可能性を持っているといえよう。
「デジタルアーカイブ技術を活用すれば、これまでにないさまざまな可能性が広がってきます。たとえば地域資産の知財化などにこの技術を用いれば、活用場面は多岐にわたるようになるでしょう。ノートルダム大聖堂や首里城のように、火災で焼失してしまった文化財も、もしデジタル保存された正確で詳細なデータが残っていれば、今後、本物にかなり近いレベルで再現できる

かもしれません。

　このような大規模な遺産でなくても、日本の各地域にはさまざまな文化芸術品や資産ともいうべきものが存在しています。これらをひとつひとつ拾い上げ、デジタル化して地域のバーチャルミュージアムとして発信できれば、現地に足を運ぶのが困難な遠隔地の人や、身体に障がいのある方、高齢者の方々にも、身近な存在として、地域の素晴らしい文化を知ってもらえるよい機会になると思います。また、教育用途や海外への文化発信など、これまで以上の新しい広がりも出てくるかもしれません。

　コロナ禍はもちろん、after コロナにおいても、地域と地域、地域と世界の文化を結ぶ手段として、ICT 技術や光ファイバー網のような高速ネットワークの重要性がますます高まってくるでしょう。NTT 東日本にはこれらのインフラと地域拠点がありますので、今後も同社と一緒に地域文化のデジタルアーカイブ化を進め、それぞれの再現や表現に適した ICT 技術を用いて全国、世界に向かって発信できればと思っています」（久保田氏）

　久保田氏が切り拓いてきた最新技術による美術品や文化財の超精密・高品位デジタル化は、北斎の作品に見られるようなアートの魅力を再発掘するとともに、各地に点在し埋もれている文化財を知財化し、さらに新しいアートとしてよみがえらせる新たな道を開拓した。アルステクネが保有するアーカイブを活かした新たな作品は、地域の文化財の新しい活用方法を示唆するものであり、地域活性化の起爆剤となりうる可能性を秘めている。同社の役割への期待は大きい。

※ 文中に記載の組織名・所属・肩書き・取材内容などは、すべて 2020 年 3 月時点（インタビュー時点）のものです。

地域文化・芸術の伝承へICTを活用 そして、新しい鑑賞のかたちへ

東日本電信電話株式会社
株式会社NTT ArtTechnology

地域文化・芸術の伝承へICTを活用
そして、新しい鑑賞のかたちへ

東日本電信電話株式会社
東京都新宿区（本社）

株式会社NTT ArtTechnology
東京都新宿区（本社）

NTT東日本は地域経済の活性化に向けて、自治体や教育、農林水産業、製造業、建設業など多くの分野でICTを活用してさまざまな取り組みを進めているが、文化・芸術分野の取り組みを強めるため、新たに「株式会社NTT ArtTechnology」を設立する。新会社は、地域文化・芸術の伝承を通じて地域活性化をめざすとともに、「with コロナ」時代の文化・芸術の新しい鑑賞法を提供する取り組みを行う。

◆ 「地域の文化・芸術を守りたい」という声に

　NTT東日本で地域活性化のプロジェクトを推進している、経営企画部 営業戦略推進室の酒井大雅氏は、新たな取り組みについて次のように述べる。「地域経済の活性化の取り組みを進めるなかで、事業活動を通じてお付き合いしてきたお客様から、『地域の文化や芸術を守り活用したい』という声をたくさんいただきました。私たちとしても地域を支える一員として、『何かしなくては』という思いがありました。誰もが幸せに生活できる地域社会であるためには、産業や経済の発展だけではなく、地域の文化や芸術の豊かさも必要です。世の中が変わっていく中で、現状を見守るだけでは、大切な地域の宝であるこれらが早々に途絶えてしまう可能性も否めません。時代に合わせてやり方を変えたり、見せ方や楽しみ方を変えたりすることで、伝統を守りつつ新しい息吹を吹き込み、次の世代に伝え残していけるのではないかと考えました」

　NTT東日本が地域活性化のためのプロジェクトを進めるなかで、地域経済だけでなく、地域の伝統技術・技能の担い手不足、後継者不足が年々深刻化し、伝統文化の伝承そのものが難しくなっており、早急な対応が求められていることが明らかになってきた。技能を要する伝統工芸や伝統芸能などで規模の縮小を余儀なくされたり、地域祭事によっては数年に1度しか開催されなくなったり、すでに消滅の危機に瀕するものもでてきている。

　また、近年、水害や台風により地域の伝統ある建物が倒壊し文化財が失われたり、熊本地震による熊本城の損壊や、火災で消失した首里城などのように、地域の人々の心の拠り所であった存在が一瞬にして損なわれてしまうという心痛む事態が相次

▲ 酒井 大雅（さかい たいが）氏
東日本電信電話株式会社 経営企画部
営業戦略推進室 担当部長

いで起きている。

　こうした状況は、地域に密着し生活や事業に不可欠なインフラを担ってきたNTT東日本にとって見過ごすことのできないものだった。

デジタル技術の可能性と活用の広がり

　地域の文化・芸術を伝承する取り組みにおいて、ICTはどのような役割を果たせるのか。

「火災で一部焼失したノートルダム大聖堂の再建にむけ、記録されていたデジタルデータが注目されたように、テクノロジーによる文化・芸術の保存、再生、活用の取り組みがさまざまなかたちで実現できるようになってきています。

　美術品や文化財などは人の手による破損や紫外線などによる劣化を防ぐため、鑑賞においては展示の場所も時間も制限される場合が少なくありません。暗いところでしか展示できないものもあります。触ることもできず、ガラス越しの展示がほとんどです。

　しかし、デジタル技術によるアーカイブ化が実現すれば、希少な美術品や文化財も場所や時間に関係なく、明るいところで観て、近くで触れることができるようになります。さらに、ある作家の全作品を集めて一斉に観たり、地域の作品をオンラインで都心や世界から観てもらうこともできるでしょう」
（酒井氏）

　ICT活用による文化・芸術のアーカイブ化は、災害などによる消失リスクに備える「守り」とともに、これまではできなかったことを実現する「攻め」の方法としても期待されるのだ。

　本物にはできなくてもデジタルアーカイブでできることもある。デジタルアプリケーションなどの活用で見せ方や編集方法を工夫することで、現地で本物を観るのとはまた異なる魅力を与えられれば、既存のファンだけでなく、多くの人々の興味関心を惹きつけることもできるだろう。

　デジタルアーカイブの可能性について、経営企画部 営業戦略推進室の鈴木健広氏は、次のように述べる。

「いつでも、どこでも観られるというのは、希少性という意味で価値を毀損しかねないという意見もありますが、その心配はなく、むしろその逆ではない

かと思います。デジタル化されたからといって、本物の価値や迫力が損なわれるということはありません。デジタルによる質の高いレプリカは本物ではできない新しい見せ方を実現することができます。それを観た人は本物を観てみたくなり、どこにあるのだろうと探すでしょう。本物はその地域や文化の中に存在することで本来の魅力を発揮するといえるでしょう」

　テクノロジーとの融合によって新しい魅力を見せることができれば、「本物の絵画をリアルに観たい」あるいは「デジタルアーカイブで観た祭を実際に体験したい」という気持ちを喚起し、本物を観に現地に足を運ぶきっかけにもなる。そうした旅行が増えれば、観光事業の活性化および地域産業振興にも貢献できるだろう。例えば、デジタルアーカイブによって「ねぶた」の魅力に触れる人が増えれば、実際に青森を訪ねたり、ねぶた祭に参加したりする人もおのずと増える可能性がある。

　こうした取り組みを加速させているのが、奇しくも新型コロナウイルスの流行だ。

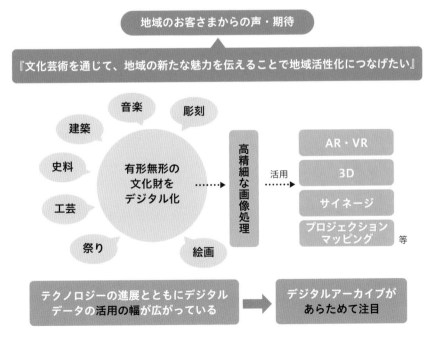

▲ 地域の有形無形文化財の新たな活用方法が注目されている

▲ 鈴木 健広 (すずき たけひろ) 氏
東日本電信電話株式会社 経営企画部
営業戦略推進室 担当課長

「コロナ禍は私たちの生活や産業に甚大な影響を与え、社会活動を大きく停滞させましたが、同時に新たなデジタルの価値に気づかせ、活用法を模索する機会を与えていると思います。文化・芸術の継承、さらに新しい鑑賞方法の提供は、さまざまな分野のお客さまからご要望をいただいており、これに積極的に取り組んでいかなければならないと考えています」(鈴木氏)

このように最新テクノロジーによって地域の価値ある文化や芸術をアーカイブ化することで守り、デジタルアプリケーションによって新たな魅力を付加することで活かし、さらに新しい鑑賞のかたちを作り出し、地域と地域、地域と都市、地域と世界をつなぐことが可能となる。

NTT東日本では、この取り組みを「地域の文化芸術伝承を通じた地方創生の取り組み」と位置づけた。

文化財を活用した体験型美術展

この取り組みの一環として、2019年11月から「NTTインターコミュニケーション・センター(ICC)」において、体験型美術展「Digital×北斎【序章】」を開催した。企画を担当した経営企画部 営業戦略推進室の長谷川有美氏は、こう振り返る。

「この時に公開したのは、日本屈指ともいわれる葛飾北斎のコレクションです。本物をデジタル化して再現したもので、所蔵元が認定している作品です。ほとんどプロモーションを行っていなかったにもかかわらず、口コミやSNS発信、近隣へのチラシ配布だけで7000人以上の多くの方にご来場いただきました。意外だったのは、来場者の半数以上が20〜30代の若い世代の方々だっ

たことです。葛飾北斎の浮世絵の展示となれば、興味を持たれるのはシニア世代が多いと予想していたのですが、4Kデジタルによる絵画の配信や、専用ゴーグルを使わなくても裸眼で楽しめるVR、リアルな絵画が動くムービングアートピクチャーなど、最新のデジタルアプリケーションによってさまざまな表現を用いたことで、若い世代を惹きつけることにも成功したのだと思います」

来場者の中には、官公庁や地方自治体、メディア、美術館・博物館、教育・介護関係などの関係者が多く含まれており、開催中からさまざまな依頼や問い合わせがあった。その中には、「美術館などに出掛けられない入居者の方々にも本格的なアートを観てもらいたい」という介護福祉関係者の声や、「海外からのお客様に日本の文化に気軽に触れてもらう機会を提供したい」というニーズがあり、それに応える形で「ヒルデモアたまプラーザや成田空港プレミアムラウンジでのオンラインデジタル絵画配信」など、スピーディに実現したものもあり、その後も次々と新たな取り組みへとつながっている。

北斎の代表作である「冨嶽三十六景」のデジタル作品を観覧した来訪者の中から、本物を観ようと所蔵元の山梨県立博物館に足を運んだ人もおり、その要望に応える形で同博物館が急遽実物の展示を開くということも行われたという。

芸術品のデジタルアーカイブを起点にして地域活性化の循環を生み出すという構想について、この経験から大きな手応えを得たという。こうしたことを踏まえ、「Digital×北斎【序章】」を引き継ぎ、さらなる発展と新たなチャレンジを盛り込んだ「Digital×北斎【破章】」の企画が進められていった。

▲ 長谷川 有美（はせがわ ゆみ）氏
東日本電信電話株式会社 経営企画部
営業戦略推進室 主査

最先端技術の活用による新たな領域の開拓

こうした「地域の文化芸術伝承を通じた地方創生」を支える仕組みの技術の核となるのが、NTT東日本の通信ビルに配置されたエッジコンピューティングシステムである。サーバーに格納された高画質・大容量のデジタルコンテンツは、文化財の権利保護に不可欠な「閉域網でセキュアな環境」に置かれ、美術館、博物館、学校、交通機関などへの滑らかなコンテンツ配信が実現され、「低遅延」で「耐災害性」に優れている。

このインフラ上で高精細な画像処理技術や、AR/VR、3D、サイネージ、プ

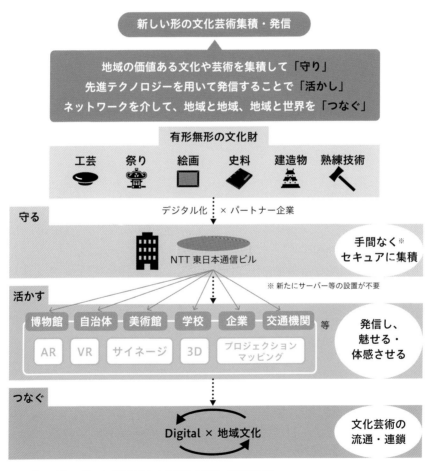

▲ エッジコンピューティングを活用し文化芸術の流通・連鎖を図る

ロジェクションマッピングといった最先端技術を活用し、さらに文化・芸術作品のデジタル化技術・活用技術を保有するさまざまな企業と連携し、事業を進めていくという。

　有形・無形の文化財をデジタル化し活用するとなれば対象は多岐にわたり、活用する技術もさまざまだ。史料や絵画などの画像には高い精細度が求められ、伝統工芸や彫刻などの立体物、その中でも大きな建築物などは設計図などの他、現物イメージとして 3D データも必要となる。

　音楽や伝統芸能では音や映像なども対象になり、その集大成とも言える祭事などは、文化的背景や歴史なども含めた重層的な情報のアーカイブ化が必要となるだろう。分量も種類、ニーズも多種多様にわたることから、多様な連携が求められる。さまざまなパートナーと集い、チームとなって取り組んでいくという。

◆ 「withコロナ」時代の文化・芸術の新しい楽しみ方

　2020 年、新型コロナウイルスの流行により、「with コロナ」「after コロナ」と呼ばれる新しい時代に変わった。生活様式が大きく変わるとともに、旅行やエンターテイメントの楽しみ方なども大きく変化するなかで、国や自治体、そして公共施設や文化施設などにも新しい変化への対応が求められている。施設に来てもらうだけでなく、来られない人にもデジタルデータを活用した「新しい楽しみ方」を提供することが求められている。東京・渋谷の Bunkamura は、新型コロナウイルスの影響により休館を余儀なくされていたが、再開後、新たに制作した作品をシアターコクーン劇場からライブ配信するというチャレンジを NTT 東日本とともに行った。

　このように、地域の文化・芸術の継承の声に対応する形で始まった取り組みは、コロナ禍のなかで文化・芸術作品をオンラインで配信し自宅で鑑賞するという新しい楽しみ方の提供と形で、さらに広がっている。そうしたことを踏まえ、NTT 東日本では新会社 株式会社 NTT ArtTechnology を設立し、さらに事業に力を入れていくことを発表した。

　NTT ArtTechnology の社長を務める国枝学氏は、決意を述べる。
「時とともに失われつつある地域の価値ある文化芸術を集積・発信することで

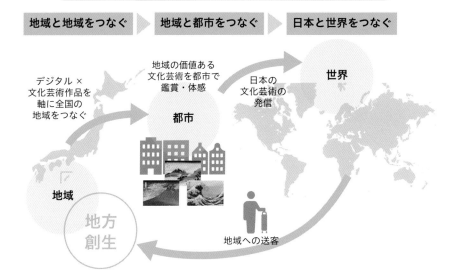

```
　　　　　　　　　　　　　めざすこと

時とともに失われつつある地域の価値ある文化芸術を
集積・発信することで地域と都市・世界をつなぎ、
地域への送客を通じた新しい形の地方創生の実現

地域と地域をつなぐ　　　地域と都市をつなぐ　　　日本と世界をつなぐ

　　　　　　　　　地域の価値ある
　　　　　　　　　文化芸術を都市で
デジタル×　　　　鑑賞・体感
文化芸術作品を　　　　　　　　　　日本の　　　　　　世界
軸に全国の　　　　　　　　　　　　文化芸術の
地域をつなぐ　　　　　　　　　　　発信

　　　　　　　　　　都市

地域
　　　　　　　　　　　　　　　　　地域への送客
地方
創生
```

▲ めざすこと

地域と都市・世界をつなぎ、地域への送客やどこからでも閲覧できる楽しみ方など新しい形の地方創生をめざします。テクノロジーの進展とともにデジタルデータの活用の幅が広がっており、デジタルアーカイブがあらためて注目されています。

　withコロナ時代といわれるなか、日本における文化・芸術のデジタルアーカイブやICT活用は、産官学が協力して連携するプロジェクトとして推進する必要があるでしょう。そうした場面において、NTT ArtTechnologyがつなぎ役、推進役としての役割を果たしていきたいと考えています」

※ 文中に記載の組織名・所属・肩書き・取材内容などは、すべてインタビュー時点のものです。

文化財をデジタルで保全・活用・発信する
地域と地域、地域と都市、日本と世界をつなぐ

── 地域の文化・芸術を守る取り組みをどのように進めますか。ICT はどう
　　いう可能性を拓きますか。

▲ **国枝　学** (くにえだ　まなぶ) 氏
株式会社 NTT ArtTechnology 代表取締役社長

　文化・芸術を通じて地域の新たな魅力を伝えることで地域活性化につなげ
たいと思います。地域の文化財をデジタル化し ICT を活用すれば、災害など
があっても保全・伝承が可能となりますし、場所や時期を問わずに楽しんで
もらうことができます。その地域まで行けなくてもインターネットなどを介
して遠くから観ることもできれば、なかなか展示されない博物館や美術館の
所蔵品をいつでも観られるようになるでしょう。2016 年の地震で、熊本城は
その一部が損壊したわけですが、史料を活用し伝統的な技法を継承して復旧
するといわれています。

形あるものがいつか壊れるリスクを想定して、再現するための備えを行う。文化・芸術の伝承のためにデータとしてアーカイブを残す。そのような地域の文化財保存の取り組みのお手伝いができればと考えています。また、より本物に近い復原をかなえるとなると、確かな質と量の情報をもち、かつ必要なときに応用が利くアーカイブを残すことが課題となります。この実現には、現代ではテクノロジーの活用が必須要素ですが、今なら、かなり詳細な情報をきちんとデジタル化して保存することができると思っています。

―― デジタルで保全され、そのアーカイブによって、生きた活用ができるということですね。

　ICT は、アーカイブを残すことで地域の文化財や技能を保存したり、伝承したりするのに非常に有効な手段となりえますが、それだけで終わるものではありません。例えば AR/VR の表現技術や高精細なサイネージなど、さまざまな技術を組み合わせれば、これまでになかった新しい表現と鑑賞の方法が生まれてきます。本物の美術品は加工することはできませんが、デジタル技術で作者の意図を汲んで作品を拡張したりクローズアップしたり、何かと組み合わせたり動かしたりとさまざまな楽しみ方が可能となり、それは新しい芸術領域といえるかもしれません。また、地域の伝統の祭りのように、その時にしか観られないものでも地域を超え、時期を問わずに臨場感豊かに、楽しむこともできるでしょう。

―― 新型コロナの影響で、本物を観たくても観に行けない人が増えています。

　コロナ禍に限らず、さまざまな事情で現地に行きたくても行けない方々もいます。そのような方々には、現地に行かなくても観られるという ICT のメリットはとても大きいと思います。一方で、私たちがめざしているのは、単に本物の代用が遠隔で観られるというだけではなく、むしろ本物と同等の鑑賞体験であり、あるいは、これまでは知られなかった本物の新しい発見を促す鑑賞方法なのです。

―― 2019 年 11 月から開催された「Digital ×北斎【序章】」は「デジタル×芸

術」の新しい可能性を示したわけですが、第2回目の「Digital ×北斎【破章】」では、さらなる表現方法の拡大や、歌川廣重の「東海道五拾三次」の作品の追加、そして新しく「密を避ける」ための取り組みも取り入れていますね。

withコロナ、afterコロナでの文化鑑賞のショーケースとして、活用していきたいと思っています。人を介さない入場管理や非接触による解説を行います。これまでは美術館に出かけて密な状態で鑑賞することも多かったものが、県や国をまたぐことなく、オンライン上で楽しむことも当たり前という時代になってくるでしょう。また、ただ絵を観覧して終わるだけなく、デジタルアプリケーションを活用したエンターテイメントとして観るというように楽しみ方も変わる可能性があります。コンテンツと閲覧者を1対1でつなぐだけでなく、ICCをヘッドミュージアムとして、デジタル×オンラインで複数箇所を結び、複合型デジタルミュージアムを創出するというようなことも可能になるのではないでしょうか。そのような展開を望む自治体や地域のミュージアムがあるとも聞いています。

── デジタル資産を守り配信するとともに、新しい鑑賞スタイル、地域連携も実現するということですね。

そうです。例えば、ある作品アーカイブに紐づけて、作品に縁のある地域や文化施設を紹介したり、自治体施設などと連携して相互送客を図ったり、病院や介護施設などに配信することで現場に足を運べない方々に楽しんでもらったりと、アイディア次第でさまざまな連携ができ、楽しみ方ができると考えています。日本の各地域が、文化・芸術を守り、活かし、それを全国や世界に発信し、また逆に全国のものを身近に鑑賞することにより、相互に活性化されることを願っています。

コロナ禍によって、こうした取り組みの重要性はますます高まっており、社会的な要請となっていると思います。この取り組みを通して、新しい時代のライフスタイルを提案していきたいと思っています。

第3部

◇◇◇

地域の文化・芸術の「感動を伝える」

新設ヒュッゲにデジタル絵画を展示
入居者に心豊かな生活を

ヒルデモアたまプラーザ
（東京海上日動ベターライフサービス）

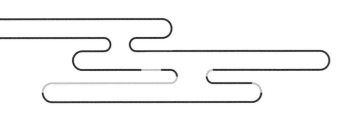

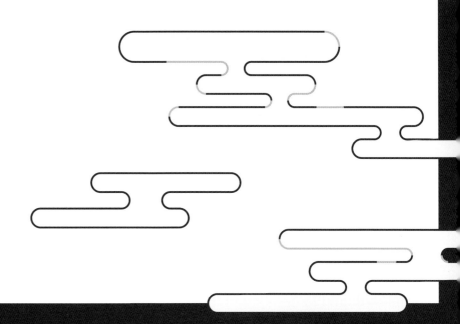

新設ヒュッゲに
デジタル絵画を展示
入居者に心豊かな生活を

ヒルデモアたまプラーザ
(東京海上日動ベターライフサービス)
神奈川県川崎市

ヒルデモアたまプラーザは、東急田園都市線たまプラーザ駅にほど近い静かな住宅街に立つ介護付き有料老人ホーム。長年、入居者の心豊かな生活を支えることを理念に運営されてきたが、このほど、入居者向けにアートと音楽が楽しめる施設「ヒュッゲ」を開設し、新たにオンラインデジタル絵画の鑑賞ができるようにした。高齢者向けの住まいと介護サービスの提供に加え、文化や芸術の楽しみと心の癒しを提供する、こうした新たな試みは、入居者たちのクオリティ・オブ・ライフ(生活の質)の向上に貢献している。

▲ ヒルデモアたまプラーザに開設したヒュッゲ

急激な高齢化による「2025年問題」

　近年、日本には、急激な少子高齢化の波が押し寄せている。2025年には、戦後の第一次ベビーブーム（1947～1949年）に生まれたいわゆる"団塊の世代"が75歳以上の後期高齢者となり、実に日本の総人口の約30%が高齢者となる。

　こうした社会の高齢化を支えるため、介護事業の重要性はますます高まっている。

　東京海上日動ベターライフサービス株式会社は、このような介護事業に対する社会の要請に応えるかたちで、東京海上グループの総合介護事業会社として設立された。その前身となるのは、東京海上グループの一員として、主に利用者の自宅を訪問して、食事や入浴などの身体介護や家事の手伝いなどの生活援助を中心に訪問介護事業を行っていた旧東京海上日動ベターライフサービス株式会社と、介護付き有料老人ホームを事業とする東京海上日動サミュエル株式会社である。この2社が2016年に合併し、東京海上グループに

おける介護事業を一体的に展開するべく設立されたのが、現在の東京海上日動ベターライフサービスである。

品質の高い介護サービスを提供するために

　高齢者への住まいの提供や、自宅で暮らす高齢者を支える介護サービスの提供などを主な事業とする東京海上日動ベターライフサービスは、「品質の高い介護サービスを提供し、心豊かに笑顔で暮らせる社会の実現に貢献する」という経営理念を掲げている。その想いについて、代表取締役社長の中村一彦氏はこう語る。

　「私たちは東京海上グループの一員ですが、グループ全体としても、お客様に安心と安全を提供していくことを目指しています。これは介護事業においても、まったく変わることはありません。介護付き有料老人ホームやサ高住[*1]

---

*1　サービス付き高齢者向け住宅

▲ ヒルデモアたまプラーザ

▲ **中村 一彦**（なかむら かずひこ）氏
東京海上日動ベターライフサービス株式会社 代表取締役社長

のご入居者あるいは訪問介護のお客様一人ひとりに対し、その人の思いを実現しながら、オンリーワンのサービスを提供していく。その中で、安全や安心という高い『品質』を保ちながら、皆さんそれぞれに暮らしを楽しんでいただくための事業に取り組んでいくことが、私たちの役割であると考えています」

介護付き有料老人ホーム 「ヒルデモアたまプラーザ」

　東京海上日動ベターライフサービスが提供する介護事業の中でも、この介護付き有料老人ホームは、事業の基幹となる存在である。そして、神奈川県川崎市にある「ヒルデモアたまプラーザ」は、2000年12月のオープン以来、同社が提供する介護付き有料老人ホームのモデル的な存在となっている。施設は三つの建物で構成されており、それぞれの居室数は、111室、24室、70室となっている。

　「三つの施設のうち、二つは介護度でいうと自立のご入居者が中心です。もう一つは認知症も含めて、介護サービスをしっかりと提供できる体制を整えて

います。このため、仮にご入居後に介護度が進んだとしても、ご入居者には安心して暮らし続けていただくことができ、本当の意味での終の住処（つい　すみか）として、当施設でお看取りまで行ったケースも少なくありません」と中村氏は話す。

　また、介護サービスや看護の提供体制だけでなく、たとえば食事は直営キッチンによる安全でおいしい料理を提供。食べる人一人ひとりの健康状態に合わせて、食材の形状や硬さを調整するなど、きめ細やかなサービスで、入居者の安全・安心の毎日を支えている。

　入居者は、ホームが管理する24時間の介護や生活支援、日常的な健康管理や医療的支援などのサービスを受けることができる。施設には介護職員や看護師など、職種ごとに入居者数に応じた人員配置が定められており、加齢により日常生活動作などが不自由になっても、自立した暮らしを安心して送ることができるのが特徴だ。

芸術や文化による、心の癒しや喜びを提供したい

　介護付き有料老人ホームは、入居する人にとって終の住処になるだけに、入居を望む人たちの支持を得て、入居後にやすらぎや豊かな生活を感じてもらうには、ただ単に介護や看護が充実しているだけでは十分とはいえない。

　「介護や24時間の看護体制など、手厚いケアを提供することはもちろんですが、今後、介護を必要とするようになる団塊の世代の皆さまについては、多様な価値観に対応できるサービスやアクティビティが重要になります」と中村氏は指摘。こうした新しいニーズに対応するため、ヒルデモアたまプラーザでは、アクティビティを提供するグランドホールを開設、また身体機能の維持や改善を目的としたリハビリテーションができるトレーニング設備も用意している。

　その上で、より精神的な豊かさを感じられる、文化や芸術による心の癒しを提供するべく新たに開設したのが、アート・音楽スペースである

▲ トレーニングルーム

▲ 音楽スペース

「ヒュッゲ」であり、目玉となる展示がオンラインデジタル絵画だ。その導入は、ふとした偶然から始まったのだと、東京海上日動ベターライフサービス常務取締役 執行役員で管理部長でもある小笠原克彦氏は話す。

「介護付き有料老人ホームのサービスの企画や提供においては、単に衣食住を充実させることだけでは、ご入居者に本当に豊かな老後を感じていただくことができません。ヒルデモアに入居後も、現役世代の頃と同じように感動できる、そんな体験をしていただけないだろうかと、様々なサービスを検討してきました。そんなとき、たまたまNTTインターコミュニケーション・センター（ICC）で、『Digital×北斎【序章】〜先進テクノロジーで見えた170年目の真実〜』を見学する機会があり、デジタル化によって再現された浮世絵や絵画の質感と繊細さに非常に驚きました。そして、これだと直感したのです」

　小笠原氏は、すぐに連絡をとり、その想いを伝えて「ヒュッゲ」でのデジタル絵画の導入へと話を進めたという。

「葛飾北斎の浮世絵といえば有名ですが、その原画を見る機会はほとんどありません。またフランス国立オルセー美術館のコレクションについても、それは同様です。ところが、オンラインデジタル絵画であれば、それを間近で見ることができます。これを入居されている皆さんに、ぜひ見ていただき、芸術や文化に身近に触れて元気になっていただきたい。そう強く感じました」と、小笠原氏は

▲ 小笠原 克彦（おがさわら かつひこ）氏
東京海上日動ベターライフサービス株式会社
常務取締役 執行役員 管理部長

振り返る。

　一方で、こうした小笠原氏の提案を受けて、最終的に「ヒュッゲ」へのオンラインデジタル絵画導入を決断・実行した中村氏は、オンラインデジタル絵画の美しさと、それを間近に見ることの感動は、「当初の予想や期待をはるかに上回るものだった」と強調する。

　「様々な価値観を持った、団塊の世代の皆さんも含むヒルデモアのご入居者は、社会の第一線を退き年齢を積み重ねた今も、これまでにない感動や新しい体験を求めておられます。一方で、身体的には不自由な面も出てきたり、あるいは新型コロナウイルスに感染の心配もあったりと、皆さん現役時代のように気軽に国内外の美術館などに足を運ぶことができません。

　だからこそヒルデモアの敷地の中にある新しい芸術空間である『ヒュッゲ』で、収蔵美術館・博物館が公式に認定している名画の数々を見ていただきたい。それにより本物の芸術作品に触れ、生きる喜びや豊かな生活というものを、ここであらためて感じていただきたいと考えましたし、実際にそれが実

▲ ヒュッゲの絵画スペース

現できたことをうれしく思います」

「ヒュッゲ」という、くつろぎの空間での美術鑑賞

　入居者が、文化や芸術に間近に触れるための新しいアクティビティのひと
つとして作られた「ヒュッゲ」では、福祉先進国デンマークの建物をイメー
ジさせるバリアフリーで明るい雰囲気の室内に、2つのモニターを設置。縦
57cm×横74cmの大型モニターでは、異なる名画を毎月2枚映し出す。開設時、
最初に選ばれた作品は、ゴッホの『ローヌ川の星降る夜』と、ゴーギャンの
『タヒチの女たち』であった。重厚な額縁に据えられたモニターに映るフラン
ス印象派の名画は、まさに本物の質感と迫力を感じさせてくれる。

　一方で、縦33cm×横47cmのモニターに映し出されるのは、葛飾北斎の『冨
嶽三十六景』から選ばれた浮世絵の数々。誰もが一度は見たことのある赤富士
が印象的な『凱風快晴』や、躍動する波がダイナミックな『神奈川沖浪裏』な
ど5つの作品が映し出される。

▲ デジタル絵画（フランス印象派）の展示

オンラインデジタル絵画の展示導入を推進した小笠原氏は、実際に「ヒュッ
ゲ」に展示された作品を目の前にして、その美しさと、芸術作品が生み出す感
動体験に大きな手ごたえを感じたと語る。

　「私はICCでデジタル化された北斎の浮世絵を見ていましたから、ここでも
必ず素晴らしい展示になるという確信はありました。それでも自分たちの施
設でオンラインデジタル絵画を目の前にして、その美しさと観る人に感動を
もたらす芸術作品の力を、再度実感しましたね。ご入居者に公開する前の段
階で、施設の関係者など多くの人に見ていただきましたが、皆さん一様にそ
の美しさや細密さに驚き、感動していました」

　そのうえで、こうした介護付き有料老人ホームにおけるオンラインデジタ
ル絵画展示の意義について、取締役執行役員でヒルデモアたまプラーザの支
配人である佐々木喜章氏は次のように話す。

　「ヒルデモアのような施設としては、たとえばご入居者に海外旅行へ行っ
ていただくとか、国内の美術館へお連れするというのは、今のようなコロナ
禍の状況ではもちろん、そうでない場合でもなかなか難しいことです。ご高

▲ デジタル絵画（冨嶽三十六景）の展示

齢で介護が必要な方に海外旅行は現実的ではありませんし、国内の美術館も混雑していてゆっくりと作品を見ることは、なかなかできません。『ヒュッゲ』というのは居心地の良い空間という意味なのですが、ここで本物と同じ鑑賞体験ができる名画や浮世絵をゆっくりと楽しんでいただき、文化や芸術によって癒しのひと時を過ごしていただければと思うのです」

▲ 佐々木 喜章 (ささき よしあき) 氏
東京海上日動ベターライフサービス株式会社
取締役執行役員 支配人

ヒュッゲでは今後、月替わりで映し出される作品を変えていき、あたかも美術館の企画展のように、入居者に楽しんでもらえるようにするのだという。入居者には、施設内でその月ごとの展示作品を広報した上で、観賞は2人ずつの予約制とし、名画を前にゆっくりとくつろぎながら、職員による作品解説なども交えて、30〜40分ほどの観賞を楽しんでもらう。

「ご入居者の反応は、皆さんとても良いですね。なかには以前、実際に海外旅行でオルセー美術館に行ったことがあるという方もいらっしゃいまして、『ここでまた、オルセーの作品が見られるのか！』と、たいへん喜んでいただきました。なにより、このオンラインデジタル絵画の美しさには、私自身も驚き、感動しました。

遠くの美術館や博物館まで足を運ぶことなく、皆さまの住まいの敷地内にある『ヒュッゲ』で、本物に限りなく近い所蔵者認定の芸術作品を間近にじっくりと見ていただく。そのような機会を通じて、毎日の生活に新たな刺激や、心からの感動を感じていただければと思います」(佐々木氏)

介護におけるアクティビティのICT化

ヒルデモアたまプラーザでは、オンラインデジタル絵画の導入だけでなく、

新型コロナ感染症対策の一環としての入居者と家族とのオンライン面会など、ICTを活用したサービスにも積極的に取り組んでいる。その上で中村氏は、今後の介護とICTの活用について、次のように語る。

「介護付き有料老人ホームにおいては、外出での芸術鑑賞や旅行といったアクティビティには、多くの制約があります。ご入居者の中には、先ほどのオルセー美術館に行った方に限らず、海外の美術館で本物の絵画に出会い、その貴重な体験を思い出としてお持ちの方々が少なくありません。そのような方々にも、新しい思い出となる鑑賞体験をお届けできればと思っています。今回のオンラインデジタル絵画のようにICTを活用することで、実際に美術館に行ったのと同じ感動を体験していただき、世界の名画の繊細なタッチを間近で見ていただける。そんな機会をより多く提供することで、ご入居者の心豊かで笑顔で暮らせる毎日の実現に寄与できるのでないかとの思いを強くしています」

現在の介護業界においては、ICT化は主に事務作業の効率化や、直接的な介護の軽減・省力化などを目的に進められている。しかし介護の本質が、そのサービスを利用する高齢者の豊かな人生や、心の癒しを支えるものであることを考えると、ヒルデモアたまプラーザにおけるオンラインデジタル絵画の導入は、「もう1つの介護のICT化」の可能性を感じさせてくれる、先駆的な取り組みの好事例といえるだろう。

2025年、そして来るべき2040年の高齢社会の介護において、このようなICTの活用による取り組みがどのように進化していくのか、今後の展開が注目されている。

※ 文中に記載の組織名・所属・肩書き・取材内容などは、すべて2020年8月時点（インタビュー時点）のものです。

空港ラウンジにオンラインデジタル北斎
日本文化に触れ
「また訪れたい」との思いを

NARITA PREMIER LOUNGE

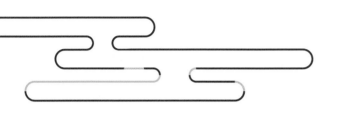

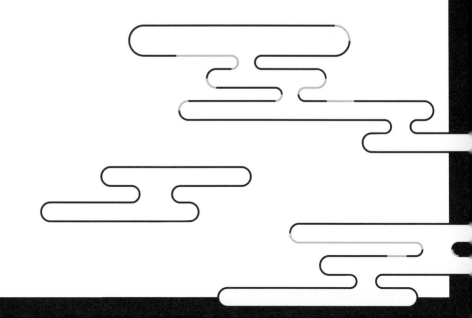

空港ラウンジに
オンラインデジタル北斎
日本文化に触れ
「また訪れたい」との思いを

NARITA PREMIER LOUNGE
千葉県成田市（成田国際空港内）

日本の国際交流を支える拠点、成田国際空港は 2020 年 2 月 23 日時点で海外 117 都市、国内 23 都市の 140 都市を結んでいる。搭乗手続きを行う施設として 3 つの旅客ターミナルビルを有し、最も延べ床面積が大きいのが第 1 旅客ターミナルビルだ。その北ウィングには、航空会社共用ラウンジ「NARITA PREMIER LOUNGE」が置かれている。2020 年 3 月、出国や乗り継ぎ前に、その空間で日本の文化芸術に触れてもらうため、デジタル化した葛飾北斎の作品を高精細な 4K、8K ディスプレイに映し出すオンラインデジタル絵画が導入された。日本が誇る文化芸術の真髄を感じてもらい、また訪れたいと思ってもらえる場所にしたいとする取り組みだ。

▲ ラウンジ

日本の空の玄関口、成田空港

　千葉県成田市にある成田国際空港（以下、成田空港）は、日本の空の玄関口
として重要な役割を担っている。開港したのは 1978 年。現在、2 本の滑走路
を有しており、年間 30 万回の発着回数が可能な空港となっている。

　国土交通省の「空港管理状況調書」によると、2019 年度の国際線と国内線
を合わせた着陸回数は東京国際空港（羽田空港）に次いで 2 位の 12 万 9836 回
（1 日あたり 356 回）。国際線だけで見ると、ナンバーワンの年間 10 万 1361 回
（1 日あたり 278 回）の着陸回数となっている。これは国内全空港における国
際線着陸回数の約 34％にあたる。また国際線と国内線を合わせた航空旅客数
は約 3954 万人で、このうち 80％超を国際線の航空旅客数が占めている。さら
に、貨物の取扱量は日本でナンバーワンの地位を占めており、そのほとんど
が国際貨物となっている。

▲ 成田国際空港

海外航空会社の顧客が利用 「NARITA PREMIER LOUNGE」

　成田空港の管理や施設運営を担っているのが成田国際空港株式会社（NAA）であり、そのグループ会社として業務の一翼を担っているのが株式会社成田空港ビジネスだ。

「旅客ターミナルビルでの手荷物カートサービス、NAA が運営している空港内の有料ラウンジや団体待合室、ビジネスジェット専用ターミナルのオペレーション、植栽の維持・管理、さらには成田空港内の事業所・店舗を中心に人材派遣事業や有料職業紹介などの事業を展開しています」

　成田空港ビジネスの事業の概要についてこう説明するのは、取締役の勝田健一氏である。

　成田空港ビジネスは、2018 年 7 月、第 1 ターミナル第 1 サテライト（出国手続き後のエリア）に「NARITA PREMIER LOUNGE（以下、ナリタプレミアラウンジ）」をオープンさせた。「これは当社直営の、航空会社共用ラウンジで

す。オープン当初は2社からスタートし、現在は11の航空会社の主にビジネスクラス以上のお客さまにご利用していただいています」（勝田氏）

一般的にラウンジは、主に座席がビジネスクラス、ファーストクラスの乗客を対象としたサービスとして、各航空会社やカード会社が自身で運営している。そのため、ナリタプレミアラウンジのようなケースは「非常に珍しい」と勝田氏は話す。

なぜ、ナリタプレミアラウンジができたのか。実は2017年5月まで同場所にはデルタ航空が運営する「デルタ・スカイクラブ」というラウンジがあった。デルタ・スカイクラブの閉鎖により、第1サテライトにおいて従来のラウンジサービスが提供できなくなった。そこで同社が自社専用のラウンジを持たない航空会社用に共用ラウンジサービスを提供することになったのだという。

「和」を感じてもらえるエリアで日本らしさを

ナリタプレミアラウンジをオープンするにあたり、勝田氏は「デザインのコンセプトはシンプルモダン。『和』を感じてもらえるようなエリアを作りました」と話す。これは搭乗する間際まで、日本の文化体験をしていただきたい、日本を感じてもらいたいという考えからである。

同ラウンジの面積は約930平方メートル（テニスコート約3.5個分）。勝田氏の言葉どおり、入ってすぐ右手には床の間がついた本格的な和室がしつらえられている。「この和室は組み立て式なんです」と勝田氏。和室の大きさは縦2.84メートル、横2.84メートル。いわゆる四畳半という広さは、伝統的な和室のサイズだという。しかもこの和室には日本の選りすぐりの素材と匠の技が詰まっているという。

例えば柱などの素材である加子母（岐阜県）のヒノキは、伊勢神宮や法隆寺など国の重要文化財や国宝の修復に使われている。そして障子や床の間の壁面には、約1500年もの歴史を持つ越前和紙（福井県）、石川県金沢の建具職人の技により仕上げられている。「お客さまの中にはこの組み立て式の和室が気に入られて、購入された方もいるんですよ」と勝田氏は微笑む。また和室に至る道（アプローチ）は石畳となっており、その道中に緋毛氈（ひもうせん）が敷かれた床几（しょうぎ）と

▲ ラウンジに据えられた四畳半相当の和室

野点傘が設置されており、室内ながら京都の小道に迷い込んだようにも感じ
られる。

　この和室では、「日本ならではの非日常を体験してもらいたい」という勝田
氏の思いもあり、表千家の教授による抹茶のおもてなし（ティーセレモニー）
を体験できるイベントが催されることもあるという。そのほかにも同ラウン
ジでは正月であれば振る舞い酒が出され、3月にはひな飾り、5月は端午の節句、
7月は七夕など、季節に応じた飾り付けも行われる。

　日本ならではのイベントだけではない。日本人にすでに定着しているハ
ローウィン、クリスマス、さらにはボジョレーヌーヴォー解禁日にはボジョ
レーヌーヴォーが振る舞われるなど、その季節に併せたイベントを企画して
いるという。中でも人気なのが、和室で行われるティーセレモニーだという。
「特にヨーロッパの人たちに好評です」と勝田氏は話す。

　さらにラウンジを奥に進むと洋のエリアが広がる。ゆっくりくつろげるよう、
174の座席を用意。その中にはイタリアの高級家具とコラボレーションした空
間などもあり、シンプルながらも洗練され落ち着いた空間となっている。

もちろん、食事やドリンクでも「日本」を感じられる和食や日本酒も用意している。

「ワインのラインナップが多いと思いますが、せっかく日本にいらしているので日本酒も試してもらいたい」と勝田氏は笑みを浮かべる。勝田氏は日本酒好きが高じて、プライベートで日本酒サービス研究会・酒匠研究会連合会が運営している「日本酒ナビゲーター」の講習を受けたという。

「元旦に振る舞われる日本酒の銘柄選定のときはアドバイスすることもあります」と話す。

日本のアーティストを応援する活動も

　これら成田空港ビジネスの取り組みは、2019 〜 2021 年度 NAA グループ中期経営計画の柱の一つである「徹底したお客様第一主義に根ざした世界最高水準の旅客体験価値の創造」に基づくものであり、同時に「日本文化を発信する

▲ **勝田 健一**（かつた けんいち）氏
株式会社成田空港ビジネス 取締役

場所という役割も担っていきたい」（勝田氏）という思いによるものだ。

　例えば同社では日本のアーティストを応援する活動もしている。その一人が、千葉県生まれのペーパーフラワーアーティスト、SAYUMI氏である。SAYUMI氏の作品はラウンジの壁面のあちこちに飾られているが、最も目を引くのが五大陸を各国の国花で表現した作品である。「新型コロナウイルスの影響で延期にならなければ、2020年の今年は東京オリンピック・パラリンピックが開催される予定でした。それに合わせて、作ってもらいました」と勝田氏は話す。花を形作る紙は和紙も使用しており、日本人のアーティストならではの作品となっている。

　このラウンジを利用契約している航空会社は、KLMオランダ航空、エールフランス航空のほか、第1ターミナル北ウィングを使うエティハド航空（アラブ首長国連邦）、香港航空、エア・カレドニア・インターナショナル（ニューカレドニア）、ロイヤルブルネイ航空（ブルネイ）、アエロメヒコ航空（メキシコ）、廈門航空（中国）、中国南方航空、アリタリア - イタリア航空（イタリア）、エルアル イスラエル航空の11社だ。

　「一日の利用者数の平均180人。最も多いときは250人を超える日もありま

▲ 五大陸を表現したジャイアントペーパーフラワー

す。この数字はいずれも 7 社だったときの数字なので、11 社だともう少し利用者数は増えるかもしれません」（勝田氏）

　現在の利用航空会社がすべて海外の航空会社となっているため、利用者の多くは外国人。出国手続き後のエリアにあるため、利用時間の平均は 1 時間ほど。また、成田空港を中継用のハブ空港として利用する人もいる。「そういう乗り継ぎ便を利用するお客さまの中には、5 時間ぐらい使われる方もいる」（勝田氏）という。国際線の出発便が集中する午前中が、利用者数のピークになるという。

オンラインデジタル絵画を導入

　オープンして以降、順調に利用者数を増やしていたナリタプレミアラウンジ。2020 年 3 月 23 日、成田空港ビジネスと NAA は、より旅客体験価値を向上させるためにオンラインデジタル絵画をこのラウンジに導入した。配信されるのは、葛飾北斎の「冨嶽三十六景」に収められた作品と、フランス国立オルセー美術館所蔵のゴッホやゴーギャンなどの有名な 10 作品だ。これらの作品は、リマスターアートという独自技術により、「冨嶽三十六景」であれば、和紙の繊維の質感まで再現しており、その元となるレプリカは原画の所蔵元である山梨県立博物館より認定を受けているものだ。またオルセー美術館所蔵の作品についても、同美術館からマスターレプリカ認定を受けており、限りなく原画に近いと言われている。映し出されるそれらの絵画はデジタルとは思えないほど、本物の油絵の質感まで、忠実に再現されている。

　プレミアラウンジでは、これらの作品を 4K の 2 台のディスプレイに映し出し、身近に楽しめるようにしている。1 台はプレミアラウンジに入った正面に置かれた比較的小さな 4K のディスプレイ。ここでは「冨嶽三十六景」のリマスターアートがどのようなものか、例えば 20 億個のピクセルで再現されている独自の技術や、コンテンツが高速・低遅延のネットワークにより配信されていることなどを簡単に紹介するボードとともに展示している。もう一台の 4K ディスプレイは受付の後ろの壁に設置されており、こちらはさらに大画面でオンラインデジタル絵画を映し出している。

　勝田氏がこのオンラインデジタル絵画を知ったのは、2019 年 11 月から東京

▲ 正面に置かれた 4K ディスプレイ　　　　▲ 受付後ろ側の 4K ディスプレイ

オペラシティビルで開催されていた体験型美術展「Digital ×北斎【序章】」を訪れたことがきっかけだった。「特に北斎の絵は、和紙の繊維が見えるようで、その繊細さにびっくりしました。そのときにプレミアラウンジでの導入の提案を受けました」（勝田氏）

　日本が誇る伝統文化「冨嶽三十六景」に最先端技術を組み合わせたオンラインデジタル絵画はまさに今時の「日本らしさ」でもあり、ラウンジのコンセプトにも合っていた。「2020 年は北斎の生誕 260 年というアニバーサリーイヤーです。日本各地で北斎に関するイベントが開催される計画もありました。タイミングとしてちょうど良いと思いました」（勝田氏）

展示を延長して取り組みを続ける

　導入はスムーズに進み、3月23日からオンラインデジタル絵画の展示を開始。ディスプレイに映し出しているだけではなく、和室を北斎エリアに変更。「『冨嶽三十六景』の人気作品数点をパネルにして展示するなど、集中して楽しめるようにしています」（勝田氏）

　和室エリアの最も目立つところに、「冨嶽三十六景」の中で最も有名な『神奈川沖浪裏』を拡大した作品を展示。和室へのアプローチには『東海道品川御殿山ノ不二』と『甲州石班沢』、床の間の横の壁面には『凱風快晴』を展示。凱風快晴は、一般的に流通しているイメージと比較できるようになっている。床の間の掛け軸スペースには、北斎晩年の作品『富士越龍』を展示している。そのほかにも『山下白雨』『深川万年橋下』などの作品が展示されている。

▲『神奈川沖浪裏』の展示

▲『山下白雨』（左）『深川万年橋下』（右）の展示

「1867年に開催されたパリ万博で北斎をはじめとする浮世絵が出展されました。それを見たモネやセザンヌ、ゴッホなどが、次々と浮世絵の構図と色彩を取り入れた作品を発表しました。なぜ、そこまで浮世絵に傾倒したのか。忠実に原画を再現したリマスターアートは、浮世絵の良さを改めて伝えてくれるものだと思います」（勝田氏）

　さらに、勝田氏は続ける。「リマスターアートであれば、明るい照明の中でじっくり見ることはもちろん、手で触れることも、スマホで撮影することもできます。そんな体験はめったにできません。当エリアの利用者の多くは外国人。ビジネスクラスやファーストクラスに乗られる方なので、文化への意識も高い。そのようなお客さまにとっても北斎の絵を気軽に見られることは滞在価値の向上にもつながります」

　さらに和室に設置された8Kのディスプレイでは、これまでは8Kで撮影された日本の風景動画を繰り返し流していたが、今はリマスターアートの制作の様子を撮影したメイキング映像を常時流している。「8K映像はまだまだ珍しいこともあり、比較的好評なコンテンツでした」と勝田氏。だが、リマスター

▲ 和室に設置された8Kディスプレイ

アートという技術を解説したメイキング映像には、8Kの鮮明さに加えて浮世絵の素晴らしさも同時に体感できる要素があり、さらに魅力が増すという。こちらも人気コンテンツとなりそうだ。

新型コロナウイルスの影響で発着が減少していることもあり、4月下旬からプレミアラウンジのある第1ターミナルの一部施設が閉鎖された。「各発着便が再開し、より多くの方々に観ていただける時が来るのを待っているところです。展示の期間については、来年まで延長することも視野に入れて検討中です」と勝田氏は話す。

日本の文化に触れ「また訪れたい」という思いを抱いてほしい

「Connecting Japan to the World」。このキャッチフレーズが表しているように、日本の重要な交通結節点であるのはもちろんだが、日本文化を海外の人たちにつなげる役割も担ってきた成田空港。

ターミナルビル内では日本文化を気軽に体験できるコーナーを設けたり、日本ならではのイベント、日本文化を感じてもらえる館内装飾を施したりなどの取り組みを積極的に行っている。このような取り組みが評価され2018年に、空港では初めて内閣官房東京オリンピック競技大会・東京パラリンピック競技大会推進本部事務局（現在は文化庁に引き継がれている）が統括する日本文化の魅力を発信するとともに、2020年以降を見据えたレガシー創出のための文化プログラム「beyond2020プログラム」に認証されている。

成田空港では、ラウンジもそうだが、出国する瞬間まで日本の文化に触れることで、「また訪れたい」という思いを抱いてもらうための取り組みを、NAAグループ全体で取り組んでいるのだ。

「空港は交通結節点ですが、国際線の場合、2時間前にチェックインを済ますなど、それなりに人が滞在する場所でもあります。特に成田空港の場合、多くの航空会社や便が集中するハブ空港としての役割もあり、日本の文化や芸術を海外の人たちに見てもらったり、体験してもらったりするのに、非常に意味のある場所だと思います。このような場所で、今回の取り組みを実現できたということは、海外への文化発信という意味でも、大変意義のあるこ

とだと思っています。

　また、日本全国の各空港でも、こういった活動が広がれば、各地域の良さを日本全土や世界に伝えることにつながっていくのではないかと思います。今後は地域と連携して、このような取り組みなども考えていければと思っています。

　現在のコロナ禍は、私たちにとって厳しい時代ではありますが、これに屈することなく、引き続きお客さまの体験価値を向上させられるよう、プレミアラウンジを良くしていきたいと思っています。そして多くの利用者に『日本にはこんな文化がある』『こんな体験ができた』と日本の印象を振り返り、SNSなどを通じて、海外にも情報発信をしていただくことを期待しています」（勝田氏）

　ナリタプレミアラウンジが再開したとき、オンラインデジタル絵画を見て利用者はどんな反応をし、どんな感想を抱くのか。またこのコンテンツによって日本を思い浮かべ、また来たいという気持ちを起こさせることができるのか。期待が高まっている。

※ 文中に記載の組織名・所属・肩書き・取材内容などは、すべて2020年7月時点（インタビュー時点）のものです。

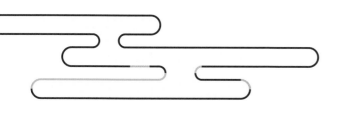

病院で美術館の名画を鑑賞
患者の心の負担を軽くし癒したい！

NTT東日本 関東病院

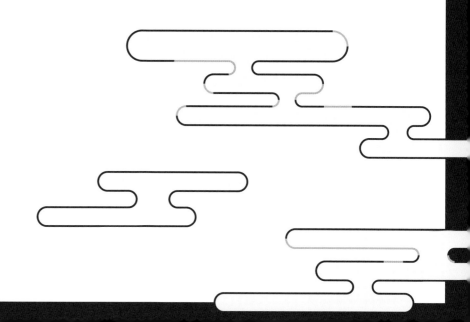

病院で美術館の名画を鑑賞
患者の心の負担を軽くし癒したい！

NTT東日本 関東病院
東京都品川区

東京・五反田にあるNTT東日本関東病院は地域の中核病院で、がん検診などでもよく知られているが、2020年2月、オンラインで提供される高精細デジタル絵画の展示を開始した。診察や検査に訪れる患者の緊張を解きほぐしたり、ストレスを軽減したいという思いからだ。配信されるのはゴッホやゴーギャン、葛飾北斎などの世界的に著名な絵画。患者や患者の家族がホッとしたり、癒やしが得られる場作りに取り組んできた施策の一つだが、患者はもちろん、職員にとっても「心を落ち着かせ癒やしになる」と好評を得ている。

▲ NTT 東日本 関東病院

地域の中核病院として「人と地域とつながる医療」

NTT 東日本関東病院（以下、関東病院）は、その名からも分かるとおり NTT 東日本が運営する企業立の病院だ。同病院の開設は 1951 年で、当時の名称は関東逓信病院。日本電信電話公社の社員とその家族に限定された職域病院だったが、1986 年 6 月に一般開放された。1999 年 7 月に現在の名称に改称。各種外科や内科、皮膚科、泌尿器科、産婦人科、眼科、耳鼻咽喉科、小児科、救急科、リハビリテーション科など 40 もの診療科を備える総合病院として、さまざまな病気の治療に対応。地域の中核病院として医療を担っている。

同病院の理念は「NTT 東日本の社会的貢献の象徴として、医療の提供を通して病院を利用される全ての人々、そして病院で働く全ての人々の幸せに尽くす」こと。この理念のもと、「人と、地域と、つながる医療」をモットーに、地域連携を大切にしながら患者に最適な医療を提供している。

今では同病院を受診する患者は、「社員およびその家族より、一般の方が多い」と看護部 副看護部長 相馬泰子氏は語る。同病院の 1 日の外来患者数は約

2000人。そのうちの約4分の3が周辺地域および都内からの一般外来患者だという。

　同病院の特徴の一つとして、チーム医療を推進していることがあげられる。例えば日本人の死因のトップ[1]のがん医療について、集学的治療（手術、抗がん剤による治療、放射線治療などを適切に組み合わせたり、緩和医療を含む複数の診療科で相互に診療支援を行う治療）を提供できる体制を構築している。城南地区（品川区、大田区）の中心となる地域がん診療連携拠点病院（高度型）の指定を受けており、がんを専門とする医師や薬剤師、看護師、放射線技師、ソーシャルワーカーなどが働いている。

　患者に良質な医療サービスを提供するための取り組みを積極的に行っていることも特徴だ。国際的な医療機能評価の一つで、厳しいことで知られる国際病院認定機構（JCI）の認証を受けている。さらに医療の国際化にも積極的に取り組んでおり、2016年に「外国人患者受入れ医療機関認証制度（JMIP）」の認証を取得。在留資格のある外国人患者だけではなく、メディカルツーリズムで訪れる外国人患者も受け入れている。

　関東病院は東京城南区域の中核地である五反田にある。五反田は山手線を境に西五反田と東五反田にわかれるが、同病院のある東五反田は住宅地が広がっており、同病院のすぐそばには池田山公園や、上皇后陛下の生家を区が公園として整備した「ねむの木の庭」がある。関東病院自体の敷地はおよそ甲子園球場と同じ3万9500平方メートル。その敷地に病院棟と健康管理棟とい

---

*1　2018年人口動態統計（厚生労働省）

▲ NTT東日本 関東病院（中庭）

う2つの病棟が建ち並び、中央は患者に精神的な安らぎを提供するための癒やしの空間となっており、四季折々の花と緑に囲まれた中庭が広がっている。自然の中で人の感覚を刺激しながらリハビリができる施設も置かれている。

患者のストレスを軽減したい

　これまで病院などの医療施設の内装では、白色が多く用いられてきた。清潔感やクリーンさというイメージを与える色だからだ。白は汚れがついたら目立つので、衛生管理に厳しい病院では欠かせない条件という面もあるだろう。

　その一方で、内装が白で統一されていると、どこか無機質なイメージを与えてしまう。外来患者として訪れるだけならまだしも、入院となるとその空間にずっと身を留めることになる。そこで、関東病院では緊張を解きほぐしたり、患者の家族、職員がホッとしたり、癒やしが得られる場作りに取り組んできたという。

　同病院での平均入院日数は「10日を切っている」という。厚生労働省「2017年患者調査」によると、退院患者の平均在院日数は29.3日。この数字からすると同病院の入院日数はかなり短い方だが、入院患者は日頃の生活スタイルから切り離され、その無機質な空間で、診療に合わせた生活を送ることになる。戸惑いや不安が生じ、それが高じるとストレスになってしまうこともある。

　ストレスを感じるのは入院患者だけではない。外来でも診察や検査が混んでいると、待合室で待つ時間がどうしても長くなる。特に忙しい社会人にとってはそれがストレスになってしまう。
「患者さんやその家族、私たち職員がホッとするようなものがあればよいとずっと思っていた」と相馬氏は語る。患者のストレスを軽減し、心に癒やしを与えるような取り組みがこれまでもなかったわけではない。例えば先に紹介した中庭はその一つだ。また病院棟と健康管理棟を結ぶ渡り廊下には、「患者さんたちが描いた絵画や版画、押し花などを飾ったりしていました」という。だがこれらの作品は人を和ませる観賞用として飾るというより、発表の場として飾る意味合いが大きかった。

「ホスピタルアート」を取り入れる動き

近年、病院のイメージを変える取り組みとして、ホスピタルアートという試みが世界中で始まっている。ホスピタルアートとは、アートの力で医療環境をより快適な空間にしたり、病気や治療に対する心配や不安を軽減したりすることを目的とする取り組みである。日本でもホスピタルアートを取り入れる病院が増えつつあるが、まだ一般的とは言えない。

▲ 相馬 泰子 (そうま やすこ) 氏
NTT 東日本 関東病院 看護部 副看護部長

海外では、さまざまなホスピタルアートの取り組みが積極的に行われている。その先進国の一つにスウェーデンがある。スウェーデンでは 1937 年に文化施策イニシアティブが国会で決議され、その一環として公共建設の新設や改築時に全体予算の 1% をアートに充てる「1% for Arts（1%ルール）」という政策への取り組みが始まったという[2]。現在、スウェーデンでは国の施策ではなく、地方行政で任意の施策となっている。例えばストックホルム県では 1963 年よりあらゆる公共建築物に 1% ルールが適用されているという。中でも病院は全体予算の 2% をアートに充てると県の評議会で決められている[3]。

もう一つの先進国、イギリスでは、スウェーデン同様に建設費の 1% はアートに費やすという国の方針があることに加え、病院にアート専門のキュレーターがいたり、病院向けのアートマネジメント専門のビジネスが存在したり

＊2 平成 25 年度 文化庁委託調査『文化政策に充当する財源に関する調査研究』報告書 (WIP ジャパン株式会社)
＊3 川上典李子『なぜスウェーデンの病院はアートやデザイン主導で変化できるのか。ストックホルム県職員のトールン・スコーグランドさんに聞いた。』(AXIS Web Magazine、2017) https://www.axismag.jp/posts/2017/07/78583.html

といった状況がある*4。そのため、ホスピタルアートという取り組みが定着しているという。

「何かホッと心が癒やされるものがあればいい」という考えはずっとあったものの、関東病院に英国のようなアートに詳しい人材がいるわけではない。あればいいなと思いながらも、導入が進まなかったのは、病院の本分は医療の提供であること、有名な絵画ともなればそれなりにコストがかかってしまうことなどが背景にあったと思われる。

先進的なICTを活用した病院に

長年抱えていた「癒やされるものを導入したい」という思いを実現する提案が、関東病院を運営するNTT東日本の担当者からもたらされた。それがオンラインで提供されるデジタル絵画の展示だった。

この提案がもたらされたのには背景がある。

NTT東日本では、ちょうどその年の秋、地域の文化・芸術の継承を通じた地方創生への取り組みの一環として、体験型美術展「Digital×北斎【序章】」を開催することになっていた。そして2019年10月、NTTインターコミュニケーション・センター (ICC) で開催された同展示会では、山梨県立博物館が所蔵している葛飾北斎の「冨嶽三十六景」の認定マスターレプリカ47作品と、フランス国立オルセー美術館認定のリマスターアート作品12点が展示された。著名な美術品のデジタルレプリカを様々なICTを活用することで、これまでにない形で鑑賞ができるユニークな美術展として行われ、注目を集めた。

このデジタル化・配信の仕組みを使って、関東病院にオンラインデジタル絵画を導入してみてはどうかという提案だったのだ。

提案を聞いたとき相馬氏は「当病院の『NTT東日本の社会的貢献の象徴』という理念にも合致する。いい企画だと飛びついた」と笑みを浮かべる。相馬氏は常日頃から、関東病院が大学病院や国立病院ではない、企業立病院ならではの役割を発信できることがあればよいなと思っていたからだ。このような思い

---

*4 「ホスピタル・アート—イギリスの方法論」（NPO法人アーツイニシアティヴトウキョウ、2017）http://mad.a-i-t.net/nc08
「12月6日講演会『英国におけるホスピタルアートの展開』に参加しました」（なごやヘルスケア・アートマネジメント推進プロジェクト、2018）https://healthcare-art.net/news/diary/entry-51.html

は、同病院の情報システム導入を担当するシステム運営企画部 情報システム担当の小嶋祐人氏も持っていたという。

「当病院の基本方針である『ITの医療への活用と社会への還元』に合致した提案だと思った。ぜひ、導入したいという思いが募った」（小嶋氏）。もちろん、これまで関東病院でも先進的なITの活用に取り組んできた。それは、電子カルテなどの医療情報システムをはじめ治療分野での活用が中心

▲ 小嶋 祐人（こじま ゆうと）氏
NTT東日本 関東病院 運営企画部 情報システム担当

だった。これらは病院にとっては、先端医療の導入・実践のために不可欠なIT投資となる。一方、オンラインデジタル絵画は、「病院関係者のみならず一般の患者の方や家族の人にとっても非常に分かりやすいプロジェクトになります」と小嶋氏は述べる。

とはいえ、提案でアートについて言葉で説明されてもよく分からない。これまでのレプリカとどう違うのか。またディスプレイに配信されることでの違和感はないのか。それらを確かめるため、相馬氏はICCに「Digital×北斎【序章】」を観に行った。「実際に観ると、言葉で説明されるよりも遥かに素晴らしいものだと実感しました。特に北斎の『冨嶽三十六景』は、その名称のとおり富士山がテーマ。富士山は日本人の心のよりどころとしての存在。これを待合室などで鑑賞できれば、きっと心が癒やされると思いました」（相馬氏）

安全性にも配慮して玄関と待合室に設置

オンラインデジタル絵画を導入するには、絵画を映し出す大型ディスプレイとインターネットにつなぐための機器等が必要になる。どこに置くのがベストなのか、「特に注意を払ったのが設置場所です」と小嶋氏。よく見てもらえて、癒やしが得られるのはどこか。さらに、「患者が手を触れたりしても安全性に

問題はないのか。そのあたりについては、医療安全室や感染対策室のメンバーにも意見を聞き、最適な場所を探っていきました」と相馬氏は続ける。

関東病院が導入したオンラインデジタル絵画のためのディスプレイは、50インチのものが1台と、32インチのものが2台。50インチではオルセー美術館の作品をデジタルレプリカとしたいわゆる「デジタルオルセー」を原寸大で映し出す。一方の32インチのディスプレイでは北斎の浮世絵版画をレプリカとした「デジタル北斎」を130%拡大した形で映し出す。いずれのディスプレイも可動式の架台を採用しており、「いつでも移動できるようにしている」という。

当初、「デジタル北斎」の設置場所として検討したのは手術前や検査前の待合室だったという。「手術前や検査前、患者さんは非常に緊張します。そこに北斎の絵画があると、その緊張をほぐすことができるのではと思いました」と相馬氏は語る。

これら患者の心理に及ぼすプラス効果、展示スペースの特性や安全面など、様々な点を考慮した上で、「デジタル北斎」を映し出す32インチのディスプレ

▲ 正面玄関脇には、オルセー美術館の絵画（レプリカ）を展示

イは精神神経科の待合室と健康管理棟（人間ドック）の待合室に、そしてより大きくて迫力のある絵画が楽しめる「デジタルオルセー」を映し出すディスプレイは、正面玄関を入ってすぐ目に入る場所に設置された。

　こうして2020年春先からデジタル絵画の展示が開始された。外来診療の受付時間である8時半から15時まで、「デジタルオルセー」は9枚、「デジタル北斎」は10〜12枚の絵画が15秒間隔でスライド上映されている。

　正面玄関すぐのところにあるディスプレイはよく目立ち、入ってくる人のみんなの目に飛び込んでくる。立ち止まって見入っている人も少なくない。他方、二つの待合室にあるディスプレイは、やや奥まったところにあり、椅子に座ったままで見ることができる。ほとんどの椅子からそのまま目に入るが、わざわざ近くに来て、じっと眺めている人もいる。大変、興味を持たれているようだ。

コミュニケーションロボット「Sota」が解説

　当初は予定していなかったが、玄関に設置されている「デジタルオルセー」の近くには、小型コミュニケーションロボット「Sota（ソータ）」が配備された。「オンラインデジタル絵画を導入した1週間後に設置を決めました」（相馬氏）。

　その理由は2つある。一つは「足を止めて観てもらう機会を増やすため」。「デジタルオルセー」は玄関近くに設置されているため、当初は気づかずに通り過ぎてしまう人が多かったからだ。もう一つの理由は映し出されている作品の概要を簡単に紹介するため。絵画に詳しい人なら観れば「オルセー美術館の作品だ」と分かるかもしれないが、そういう人は来院者の一部になってしまう。どんな絵画が上映されているのか説明した方がより多くの人に興味を持って観てもらえると考えたからだ。

　Sotaを設置したことは、「非常に効果的だった」と相馬氏。見た目のかわいらしさに引かれて、足を留める人が一気に増えたからだ。「目を見て、挨拶をするだけではなく、簡単な解説をしてくれるんです。今はオルセー美術館の作品ですという簡単な説明だけですが、それでもグンと惹きつけるものがあったようです。今後は、配信されているそれぞれの絵画の詳しい説明、絵画に込められたストーリーなどがあってもいいかもしれません。新型コロナ

▲ コミュニケーションロボットの Sota が絵を解説する（正面玄関脇）

ウイルスの問題が解決したら是非、フランスに足を運んで作品を観てみたいと思ったという話も聞きましたので」（相馬氏）

本物の絵画を見ているようでうれしい

　病院へのオンラインデジタル絵画の導入に当たっては、どういう仕組みなのか、どういう狙いなのか看護師長会議で説明を行った。すると期待する声がほとんどだったが、なかには懐疑的な声もあったという。しかし、導入から1か月、患者と職員にアンケートを実施したところ、予想を超えた結果が集まったという。

　新型コロナ感染防止対策で多忙なときの限定的な取り組みではあったが、来院者へのアンケートを実施し、10人から回答を得た。そして、ほとんどの人が「立ち止まってゆっくり観たい」「また観たい」と回答した。また、病院でアート作品が観られることについては、全員が「良いと思う」と答えたのだ。

　職員へのアンケートは90人が回答。7割の人が「立ち止まってもっとゆっく

り観たいと思った」と回答するなど好意的だった。またその理由としては、「きれいだから」「美術館に行った気分が味わえる」「職場で芸術に触れられるのがうれしい」「本物の絵画のように美しく、見応えがある」「今度は是非、本物を見てみたい」という言葉があげられていた。

　一方で、「ゆっくり観られるほど暇がない」「時間がない」という、病院の職員という忙しい職種ならではの回答もあった。

▲ 待合室（精神神経科）で、北斎の浮世絵が癒し効果を生む

　アンケート結果からは、相馬氏、小嶋氏たちが導入時に想定したとおり「待ち時間のストレス解消」「ホッとする、癒やしになる」などの効果が得られたと言えるだろう。

３「もっと観たい」「もっと観て貰いたい」

　アンケートでは改善すべき点も指摘された。第一に「デジタルオルセー」は９枚、「デジタル北斎」は10〜12枚というように数が少ない。15秒ごとに変わっていくので、「この絵画をじっくり観たい」と思っても、それはできない。アンケートでも「絵画はきれいだが、すぐ変わってしまう」という意見があった。

　ディスプレイの大きさに対しての意見も多く聞かれた。要望が多かったのが「デジタル北斎」のディスプレイ。「デジタル北斎」は原画と比較して130％に拡大し、32インチのディスプレイで映し出しているが、「もっと大きく見たい」という声が多く聞かれた。32インチの大きさは横約71cm×縦約40cm。数字を見るとそれほど小さいわけではない。それでも「北斎は迫力とリアリティがあるので、約２メートル離れた待合室の椅子からでも大きく見えるよう、さらに大き

な画面で観たくなった」という声があがった。

　北斎の原画の大きさはほぼ B4 サイズと、元々の絵画がそれほど大きいわけではない。また「他所ではめったに観られない高精細の複製絵画なので、技術力がどうすごいのか、説明のナレーションがあった方がよいのでは」という意見もみられた。小嶋氏は「待合室ではあっても、病院は静かな場所なので音で流すのはなかなか難しい。その辺は絵画と共にテロップで流していくことがあってもよいかもしれない」と語る。

　そのほか設置場所についても、「せっかくオルセー作品が観られるのに、玄関だと気づかずに通り過ぎる人もいるので残念。もう少し人が留まる場所に設置した方が効果的では」「職員の癒やしなどを考えるのであれば、スタッフが集まる食堂や休憩室に是非、置いてほしい」という要望の声があがった。

　こうした積極的な改善提案もあるように、デジタルアートの設置は好評を得ている。「もともと原画が小さい場合は、実物でも小さいサイズでしか観れないが、今回のような迫力ある大画面で観られることに、ICT の新しい可能性を感じた」という意見や、「もっと多くの浮世絵を観てみたい」という意見も寄せられている。

　また、「他に観たい作品」の質問に対して多くの書き込みが寄せられた。「MoMA（ニューヨーク近代美術館）やルーブル美術館などの有名美術館や、ゴッホやピカソ、モネ、フェルメール、クリムト、東山魁夷などの有名画家の名前をあげる人が多かったですね」と相馬氏。クリスチャン・リース・ラッセンやカーク・レイナート、草間彌生などの現代アート作家の作品が観たい、あるいはトリックアートなどがあっても面白いのではなど、ユニークなたくさんの意見も寄せられた。

　今回の取り組みを契機に、患者や職員の癒しをどう実現するかを中心に活発な組織内のコミュニケーションが生まれた。

部屋からも観られるなどさらに活用を模索

　当初、思っていた以上に評価が高かったことから、アンケートの意見も鑑み、4 月からは食堂にも置かれることになった。さらに今後は、「デジタルオルセー」と「デジタル北斎」に加え、歌川廣重の浮世絵が配信作品のライン

ナップに追加される予定という。

　「病院ならではのオンラインデジタル絵画の活用ができるのではと期待しています」と小嶋氏は言う。

　オンラインデジタル絵画の目的を「待ち時間の負担によるストレスの軽減」「患者や家族、そこで働く職員の癒やし」と大きく2つに置いている。だが、これら2つの目的を同じコンテンツで実現するのは本来難しいかもしれない。待ち時間を感じさせないようにするには、退屈にさせないこと、つまり楽しくなるようなコンテンツを提供することが大事になる。例えば暖色系絵の具を中心としたポップな色使いでワクワクさせられるような絵画を配信する。

　一方、癒やしに特化するなら、浮世絵などから寒色系かつ優しい色使いで、日本人の琴線に触れるようなコンテンツを配信する。そして「音楽を流せるエリアでは、コンテンツと共に、そのコンテンツにフィットした音楽を一緒に流してもいいかもしれません」と小嶋氏は語る。つまり目的に合わせた絵画を

▲ 人間ドックの待合室（健康管理棟）にも北斎が展示される

設置していくことも考えていきたいという。「いずれこれらのアートが診療に
どう結びついていくか。成果を測っていきたい」と小嶋氏は意気込みを語る。

　相馬氏は、「患者さんの部屋からも観られるようになればいいなと思ってい
ます。いつでも観たいと思った時間に、患者さんが観たい絵画を選択して観
られるような仕組みを提供できればいいですね」と笑顔を見せる。ベッドで過
ごす時間の多い患者、特に窓がベッドの近くにない患者にとっては大きな癒
やしになるはずだ。

「どこの病院もそうかもしれませんが、うちはがん診療連携拠点病院でもある
ので特に高齢の患者さんが多い。高齢者の場合、旅行に出かけることはなか
なかできません。普段、観ることができない貴重な絵画を所蔵元の認定する
高品質なものがオンラインを通じて病院にいながらにして観られることは非
常に意味があると思っています。しかもオンラインデジタル絵画というサー
ビスはNTT東日本らしさもあります。企業立の病院という意義も伝えられま
す。患者さん、地域の人からも今回の取り組みについて、『NTTグループらし
いね』という声もいただいています。ぜひ、この取り組みを続けていきたい。
そのためにもより病院ならではの、効果的な活用方法を模索していきたいも
のです」（相馬氏）

　日本ではまだまだ一般的とは言えないホスピタルアート。NTT東日本関東
病院ではオンラインデジタル絵画という新しいアートを活用し、ホスピタル
アートの可能性を探っていく。病院にとって、患者やその家族にとって、また
職員にとってどんな成果をもたらすのか。これからの可能性に期待が高まる。

※ 文中に記載の組織名・所属・肩書き・取材内容などは、すべて 2020 年 4 月時点（インタビュー時点）のも
　のです。

東海道五十三次と地域の縁を活用
まちの魅力づくりに
デジタルミュージアム

袋井市

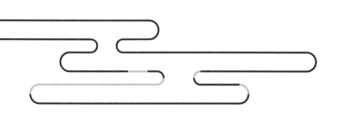

東海道五十三次と地域の縁を活用
まちの魅力づくりに
デジタルミュージアム

袋井市

静岡県

江戸時代に整備された五街道の一つ、東海道五十三次のちょうど真ん中にある、静岡県袋井市。同市では 1991 年から「まち全体が美術館」をコンセプトに彫刻やモニュメントを設置し、美しい景観を備えた潤いあるまち作りを進めている。2020 年 12 月から新たに地域に縁のある歌川廣重の浮世絵作品「東海道五拾三次」『袋井出茶屋ノ図』を活用してデジタル絵画を楽しめる「デジタルミュージアム」を市内に設置する。東京で開催される体験型美術展「Digital ×北斎【破章】北斎 vs 廣重」のサテライトとして、市民の郷土への誇りや愛を高め、まち全体の文化の向上につなげていくという。

▲ 袋井 出茶屋ノ図（東海道五拾三次）

旧東海道の真ん中の宿場街、袋井市

　江戸時代に徳川家康によって整備された旧東海道。江戸・日本橋から京都三条大橋に至る約490キロメートルには53カ所の宿駅（宿場）が設けられた。そのちょうど中間の27番目の宿が「袋井宿（静岡県袋井市）」である。静岡県西部に位置する袋井市は、東は掛川市、西は磐田市、南は遠州灘に面する。全国でも日照時間が長く、年平均気温は16度〜17度と温暖なため、1年を通じて快適に過ごせる地域でもある。

　袋井市の第1の特徴は、輸送機械を中心とした製造業をはじめ、お茶やメロンなどの高付加価値の農業も盛んで、安定した経済基盤を持っていること。中でもメロンは果物の王様と言われるマスクメロンの最高峰「クラウンメロン」の一大産地として、袋井市から首都圏や名古屋、大阪、福岡北九州などの中央卸売市場へと出荷されている。

　第2の特徴は出生率も高く人口も増えていること。「高齢化率は比較的高くなく県内35市町のうち3番目に若いまちです」と、2005年から4期（市町村合併

▲ 原田 英之 (はらだ ひでゆき) 氏
静岡県袋井市長

前の旧袋井市長を含めるとさらに長期) にわたり袋井市の市長を務めている原田英之市長は語る。若い人たちが定着する背景にあるのは、自然環境や経済環境の良さだけではない。第 3 の特徴は市民満足度を高めるためさまざまな取り組みを行っていることだ。例えば 1993 年に日本一健康文化都市を宣言し、「心と体の健康」「都市と自然の健康」「地域と社会の健康」の 3 つの視点からまちづくりに取り組んできたこともその一つ。その姿勢が評価され、「2019 年にはWHO (世界保健機関) と AFHC (健康都市連合) から表彰されました」と原田市長は話す。

製造業が盛んなことから外国人労働者も増えており、「外国人市民は人口の5％と高いのも当市の特徴です」と原田市長。総務省が公表した 2020 年 1 月1 日時点での外国人住民の割合は 2.25％なので、袋井市の外国人市民の割合がいかに高いか分かるだろう。国籍は約 40 カ国に及ぶという。そういった外国人市民にも情報がきちんと伝わるよう、ホームページは英語やポルトガル語、スペイン語、中国語 (中文簡体字・中文繁體字)、韓国語、ベトナム語などで表示できるようになっている。

歴史的な文化財にも恵まれたまち

袋井市の第 4 の特徴は、歴史的な文化財にも恵まれていること。先にあげた袋井宿の跡はその一つだ。袋井宿が設けられたのは 1616 年、幕府が宿駅制度を定めてから 15 年後のこと。宿間の距離は通常約 2 里とされていたが、掛川と見附宿間は 4 里ほどあったため、その間の袋井に宿が設けられたのである。

「東海道ど真ん中」の宿場まちの雰囲気を、今に伝えるための整備も行っている。市役所の近く、袋井宿の東の入り口に設置された「東海道どまん中茶屋」はその一つだ。「初代廣重の描いた『袋井出茶屋ノ図』をモチーフに建てられた茶屋です。観光客はもちろん、市民やウォーカーの憩いの場として活用されています」（原田市長）

　このどまん中茶屋は、2001年秋に開催された「東海道宿駅四百年祭」に合わせて作られた施設で、

▲ 東海道どまん中茶屋

『袋井出茶屋ノ図』が描かれた浮世絵看板が設置されている。

　そのほかにも本陣の雰囲気を今に伝える袋井宿東本陣公園、西の玄関である御幸橋のたもとには高札場や土塁などを再現した本町宿場公園、また袋井宿の中心部には宿場まちの雰囲気そのものを堪能できる袋井宿場公園が整備されている。袋井宿場公園にも浮世絵看板が設置されているほか、袋井宿に近い東地区の旧東海道では、江戸時代さながらの土塁と松並木が全長

▲「旧東海道松並木どまん中ふくろいウォーク」時の風景

2760メートルという距離で堪能できるようになっている。この松並木を管理しているのは地元の住民や企業からなる「久努の松並木愛護会」。松枯れを防ぐべく、保全活動に取り組んでいるという。

　このように官民一体となって「東海道五十三次どまん中」として、まちの魅力アップに取り組んでいるのも袋井市の特徴と言えるだろう。

　袋井市では毎年10月中旬に五穀

▲ 袋井まつり

豊穣や無病息災を願って、市内各地で秋祭りを実施している。「今年は新型コロナウイルス感染拡大を防ぐため、残念ながら中止しましたが、毎年各地域で作った160もの屋台（山車）が出て、まちは非常に盛り上がります。袋井を離れている人もみんなふるさとに戻ってくるんですよ」（原田市長）

2016年秋に袋井宿の開設400年を記念して開催された「袋井宿開設四〇〇年記念祭」では、市民実行委員会が中心となり、旧東海道の街道筋を舞台に市民約300人が武将や町人らに扮する時代絵巻パレードのほか、ヨサコイ踊り、物産展などが実施されたという。

また、「人口の割に寺社が多い」と原田市長が言うように、遠州三山（法多山尊永寺、秋葉総本殿 可睡斎、醫王山 油山寺）と呼ばれる3つの寺院をはじめ、伝統ある寺社や建造物が、市内の至る所に点在していることだ。

「可睡斎では座禅や宿坊での精進料理、法多山では写経体験や名物の厄除けだんごが人気です。のんびりできるので、何度も足を運んでくれる方が多いのも特徴です」（原田市長）

そのほかにも市民がこぞっておもてなしをする精神も、同市の特徴と言えるだろう。それが顕著に表れたのがラグビーワールドカップ2019。小笠山総

▲ 袋井宿開設四〇〇年記念祭 時代絵巻パレード

合運動公園エコパスタジアムでは、日本対アイルランド戦を含む4試合が開催されたが、ボランティアによるおもてなしが感動を生む試合をサポートした。これ以前にも2002 FIFAワールドカップ日韓大会では3試合が開催されるなど、国際的な試合の舞台となることも多く、英語力向上などまちをあげて国際化の取り組みを行ってきたという。

まち全体を美術館に

このようなさまざまな特徴を持つ袋井市では、文化財や芸術品などへの理解・関心も高く、市の資産として活用できるよう「まち全体が美術館」をコンセプトに、1991年から「彫刻のあるまちづくり」に取り組んできた。駅や学校、コミュニティセンター、公園などの公共施設を中心に、64基の彫刻やモニュメントを設置。市民が芸術に触れる機会を提供するとともに、美しい景観を備えた潤いあるまちづくりを進めている。

実は袋井市には美術館・博物館はない。だからこそ「まち全体が美術館」というコンセプトが生まれたといえるだろう。

ICTへの取り組みも先進的

　歴史的な資産や文化・芸術などのアナログ的なものを大事に活用する一方で、袋井市はICTやデジタル技術の活用にも積極的に取り組んでいる。

　2016年にはICT街づくり課を設置。ICTを活用した市民サービスの向上や庁内業務の効率化、個に応じた学びや共同的な学びの充実を図っている。「市内の全小学校全普通教室に電子黒板を導入したのは2016年。全国的にみても早い取り組みだったと思います」と原田市長。また今年度中には国が推進する「GIGAスクール構想」の一環として、市内の全児童・生徒約8000人にタブレット端末を整備するという。

　タブレットの活用は、文化・芸術の面でも大きな可能性を持っていると考えている。子供たちが画像や映像で見ることで郷土に誇りを持ち、地域への愛着が生まれ、さらに地域文化との連携が期待できるからだ。

デジタルミュージアムをサテライトで実現

　地方自治体が人口減少時代においてこれからも発展、継続するためには、いつまでも住み続けたくなるまちづくりをすることが重要になる。袋井市でも「住み続けたくなるまち"ふくろい"」をコンセプトに、豊かな自然環境の中で市民それぞれのライフスタイルに応じた暮らしができるよう、先にあげたさまざまな特徴をアピールし、移住・定住を図ってきた。

　そして新たなまちの魅力づくりの一つとして、2020年12月から「デジタルミュージアム」の取り組みを実施する。NTT東日本が2020年12月から開催する体験型美術展「Digital×北斎【破章】北斎vs廣重」のサテライト会場を市内に設置するのだ。

　2019年10月から開催された第1回の体験型美術展「Digital×北斎【序章】」は、北斎の「冨嶽三十六景」のマスターレプリカ47作品と仏オルセー美術館のリマスターアート作品12点を公開しデジタル絵画の新しい見せ方を示した。同展示会を訪れた袋井市の職員は、デジタルアートの素晴らしさを実感。そして、ここで使われていた4Kデジタル配信絵画の仕組みを使えば、美術館・博物館のない袋井市民が世界的な作品に触れることができるだけではなく、

▲ 袋井市シティプロモーション動画「This is Fukuroi City」より

袋井市が持つさまざまな文化的な資産をデジタル化して発信することができると考えたという。

　そして、第2回となる「Digital ×北斎【破章】北斎 vs 廣重」では、葛飾北斎の「冨嶽三十六景」に加え、袋井市にも大いに関係のある歌川廣重の「東海道五拾三次」のリマスターアートも配信されることから、サテライト会場となることを決めた。

　この「デジタルミュージアム」では、袋井市にゆかりのある浮世絵がとりあげられるばかりか、コロナ禍のなかで移動を伴わなくても所蔵元が公式認定する廣重の「東海道五拾三次」作品が見られるので、市民が文化・芸術に触れる機会を提供するよい機会となる。

「その話を聞いて、ぜひ、サテライトミュージアムに参加したいと思いました。コロナ禍により、音楽会や展示会など文化的な活動はできていないということもありますが、何より市民の方に『袋井出茶屋ノ図』や『名物遠州凧(だこ)』をはじめ、本物の浮世絵の質感を味わってもらいたい。そしてさらに袋井のまちを好きになってもらいたいと思います。オンラインデジタル絵画を映し出すサイネージは市庁舎の玄関に設置する予定です」(原田市長)

▲ 袋井市庁舎

デジタルを活用した文化活動を推進

　袋井市ではこれを機に、市民にも参加を促しデジタルを活用した文化活動をさらに積極的に進めていきたいという。「例えばVR（バーチャルリアリティ）やAR（拡張現実）をはじめとするxR、3Dなどのデジタル技術を活用するのも面白いと思うんです。歴史的な建造物を、時代を取り入れた背景に重ね合わせて表現できれば、その建造物ができたプロセスなどが見える。またそのプロセスを3Dのアニメーション化するのも面白いかもしれません。そんなこともデジタルなら可能です。デジタルには私たちの持つ文化的な資産をより魅力的に発信できる力を期待しています。積極的に活用していきたいですね」（原田市長）

　袋井市では地域資源をデジタルで保存・継承しつつ、その資源を共有化し広域で文化を支える取り組みも始まりつつあるという。美術館・博物館がなく、人口約9万人のコンパクトシティだからこそ、文化・芸術面でのデジタル活用への積極的な取り組みができる。どのようなデジタルミュージアムを実現していくのか。袋井市のチャレンジはこれから本番が始まる。

※ 文中に記載の組織名・所属・肩書き・取材内容などは、すべて2020年10月時点（インタビュー時点）のものです。

付録

◇◇◇

「Digital×北斎【破章】」ガイド

「所蔵元認定の高精細デジタル化技術」×オンラインで実現する！デジタル絵画の新たな鑑賞

Digital×北斎【破章】北斎vs廣重
〜美と技術の継承と革新〜

「所蔵元認定の高精細デジタル化技術」
×オンラインで実現する！
デジタル絵画の新たな鑑賞

Digital×北斎【破章】北斎 vs 廣重
〜美と技術の継承と革新〜

2020年12月から『Digital×北斎【破章】北斎 vs 廣重』が開催される。昨年開催の『Digital×北斎【序章】』に続くもので、所蔵元が公式認定するマスターレプリカである葛飾北斎の「冨嶽三十六景」47作品と歌川廣重の「東海道五拾三次」55作品が一挙に展示され、デジタル絵画の魅力を多彩なかたちで楽しむことができる「Digital Museum」だ。来場者には完全非接触の鑑賞環境を用意し、ディスタンスも保つ仕組みを整えている。また各地の「Satellite Museum」と連携させるなど新しい取り組みが行われており、コロナ禍におけるミュージアムの新しい形を提示している。

▲『Digital×北斎【破章】北斎 vs 廣重』案内パネル（会場入口）

「冨嶽三十六景」と「東海道五拾三次」の全作品を
一挙に鑑賞

　NTT東日本は「地域の文化芸術伝承を通じた地方創生の取り組み」を進めているが、そのコンセプトを伝える場として、『Digital×北斎【序章】』を2019年11月から2020年2月まで開催し好評を博した。『Digital×北斎【破章】北斎vs廣重』はそれを承けて、2020年12月から同じ東京・西新宿の「NTTインターコミュニケーション・センター（ICC）」で開かれる。

　「Digital×地域文化」をテーマに、「地方創生と新しい鑑賞のかたち」の最新の動きがひと目で分かるようになっている。

　見どころは、所蔵元である山梨県立博物館やフランス国立オルセー美術館から株式会社アルステクネが、唯一公式認定を受けているマスターレプリカおよび高精細データを活用して名画の数々を鑑賞することができること。展示されているのは葛飾北斎の「冨嶽三十六景」47作品と、構図や表現方法において北斎の影響を受けたとされる印象派の画家たちの作品だ。それに加えて、北斎をライバル視したといわれている歌川廣重の作品も登場する。大阪浮世絵美術館が所蔵する「東海道五拾三次」55作品のマスターレプリカだ。「冨嶽三十六景」と「東海道五拾三次」の全作品を一挙に鑑賞できる機会はなかなかない。

　もともと浮世絵版画は紫外線や湿度、空気などによってダメージを受けやすいため、照明を当てるなどして近くで鑑賞することは難しく、一般への公開は制限されてきた。和紙の繊維1本1本の質感まで忠実に再現したマスターレプリカと、その20億画素の高品位デジタルイメージデータを配信する「オンラインDigital絵画」を組み合わせた展示だからこそ実現できたものだ。

　展示コーナーはまず北斎から入り、順に「江戸からみた富士」、「現存する冨嶽のイメージ」、「冨嶽の知られざる超絶技巧」、「地方からみた富士」、「海を越えた北斎」、「時を超えた北斎」と続いて、「冨嶽三十六景」を巡る数々の作品を間近に観ることができる。

　続いて、「東海道五拾三次の旅」の展示コーナーに入ると、歌川廣重の作品が東京・日本橋から始まり、神奈川、静岡、愛知、三重、滋賀、京都・三条大橋までと、江戸から京まで下っていきながら、江戸の人々が憧れた旅や肌

▲『冨嶽三十六景』の展示コーナー

で感じた自然を追体験することになる。

　「冨嶽三十六景」と「東海道五拾三次」がマスターレプリカとして再現されており、これまで気づかれなかった技巧や表現もじっくり間近で堪能することができる。デジタルアートだからこそ可能となったことといえる。

　展示の上方には4Kのディスプレイが設置されている。ここには、主な作品の見どころを拡大した映像や作品の解説、マスターレプリカとしては展示されていない作品が高精細に映し出される。

■技法、自然の描き方、北斎と廣重の比較が見どころ

　江戸時代後期には、庶民の間で参詣や湯治などの旅が大ブームとなった。名所を紹介したガイドブックのようなものも多数売られ、富士をさまざまな場所や角度から描いた「冨嶽三十六景」も空前の大ヒットとなった。北斎が70歳を過ぎて完成させたこのシリーズは、浮世絵版画における風景画という新しいジャンルを確立することになった。

▲『東海道五拾三次』の展示コーナー

　浮世絵版画は絵師、彫師、摺師によって完成する。中でも絵師は、作品を総合的に演出する役割を果たす。北斎は和紙の質感や版木の木目までも巧みに利用して、雲や波などを表現したが、こうした技法は、これまで浮世絵自体が傷みやすいため、間近で鑑賞することができず、あまり知られていない。また従来の単に高解像度のデジタル化では、こうした繊細な技法を再現することはできなかった。デジタルリマスター版では、これらの技法まで完全に再現しており、明るい照明のもとで思う存分堪能することができる。

　「冨嶽三十六景」には、ふんわりした手漉きの上美濃紙が使われた。その和紙に堅い版木を強く擦りつけることで紙に凹凸をつけ、和紙の質感を活かす「空摺り」という技法がある。『山下白雨』（「図録ダイジェスト」参照）の雲や『武州玉川』の波の表現には、この技法が使われている。

　また、「万物の基本は丸と角」と説いた北斎は『遠江山中』（「図録ダイジェスト」参照）や『尾州不二見原』の中で、「幾何学的図法」と呼ばれる大胆な構図を用いた。会場では、19世紀の印象派の画家たちにも多大な影響を与えたといわれる、これらの表現の詳しい分析をディスプレイやパネルで確認することができる。

▲ 武州玉川

▲ 尾州不二見原

　展示コーナーの後半で紹介されているのは、北斎より後に生まれ、北斎をライバル視したと伝わる廣重の「東海道五拾三次」だ。空前の旅ブームで、江戸時代の五街道の一つ、江戸から京までを結んだ東海道も旅人で賑わった。その火付け役は弥次さん・喜多さんでおなじみ、十返舎一九の滑稽本『東海道中膝栗毛』だった。この勢いに乗って、廣重の「東海道五拾三次」も大ヒットとなった（「図録ダイジェスト」『御油　旅人留女』、次ページ『赤坂旅舎招婦ノ図』参照）。

　東海道の起点である江戸・日本橋を出発し、品川、川崎、神奈川……と、京都までの旅路をなぞるような順番で展示されているので、廣重の旅のお供をしているような感覚を味わえる。

　さらに、北斎と廣重がさまざまな自然現象をどうとらえたのか、その表現に迫るのが、今回の展示の裏テーマでもある。たとえば北斎は『山下白雨』で、豪雨を豪快な摺目だけで表現した。これに対し、廣重は『大磯　虎ヶ雨』（次ページ参照）ではしとしとと降る雨、『土山　春之雨』では本降りの雷雨というように、雨の降り方を繊細に描き分けた。そして『庄野　白雨』（「図録ダイジェスト」参照）では、周囲がかすむほどのゲリラ豪雨を、ぼかし[*1]ときめ出し[*2]という技法で表現した。廣重は、北斎へのライバル心を作品にどう昇華させていったのか。会場の解説を参考にしながら、比較して歩くのも面白い。

---

*1　版木を湿らせ、上から絵の具をのせてぼかす技法。摺師の技量が問われる。

*2　「空摺り」とよく似ていて、版木の凸面に絵の具を乗せ強く押し当てて摺ることにより、凹凸を作る。紙の凸面は、手漉き和紙本来の繊維の質感が残り、色を乗せ摺られた部分と異なる質感となる。

▲ 赤坂旅舎招婦ノ図　　　　　　　　▲ 大磯虎ヶ雨

VRなど新しい魅力をデジタルで多彩に

　北斎47作品と廣重の55作品を堪能できるわけだが、その展示スケールの大きさとともにデジタル絵画ならではの魅力を引き出す新しい技法を楽しめるのがもう一つの特徴だ。

　浮世絵画の世界に迷い込んだような臨場感を体験できる「VR」には、工夫が凝らされている。これはモニターの前に立ち、片手を挙げることで、上部のセンサーが鑑賞者の顔を認識し、その人の位置に応じて、視点に合った映像を86インチの4Kモニターに映し出すというものだ。

　なかでも、廣重の「名所江戸百景」の一つ『亀戸梅屋舗』では、絵画そのものが近景を大きく描き、遠くを望見するという構図で描かれているが、VRにより遠近がさらに立体的に表現され、まるで梅林に分け入っていくような感覚に陥る。

　さらにVRを投影映像で表現した3Dマルチライブシアターもある。北斎の「冨嶽三十六景」の一つ『神奈川沖浪裏』が、複数のプロジェクターを駆使して立体的に約3分間のドラマとして部屋全体に投影され、大迫力の波に乗って波間をたゆたうような感覚が味わえる。そして、ドラマ後半では、北斎が描いた作品や海洋生物をモチーフにしたCG映像を投影。力強くも、どこか幽玄な北斎の新たな側面が映し出され、まるで本当に絵画の中の異世界に入り込んだような体験ができる。

　本来であれば、VRを体験するには、ヘッドマウントディスプレイというゴーグルを装着しなくてはならないのだが、ここでは「裸眼VR」という技術を採用。ゴーグルなしで楽しめるため、複数の鑑賞者が同じ感覚を共有でき

▲ 裸眼 VR で、ゴーグルなしでバーチャルリアリティを体感

　る。さらには、ゴーグルの受け渡しをするスタッフとの接触や、運営者側の
消毒の手間も省くことができる。これはコロナ対策となっている。
　作品の細部を拡大して見たいときも、モニターに映っている画像を拡大す
るためにタッチパネルに触れる必要はない。新感覚の非接触型タッチパネル
「フローティングギガビューワー」のモニター画面上に浮かび上がる空中映像
をタップすればいいのだ。見たい作品を選択し、人差し指と親指の動きだけ

▲ フローティングギガビューワーで、触れずに作品を拡大・縮小

で拡大・縮小することができる。会場内には、このエアータッチのタッチパネルが2台設置されている。これも、コロナ対策でもある。

　北斎の大胆な構図や自然のとらえ方は国内のみならず、モネやセザンヌ、ゴッホなど、海の向こうの印象派の画家たちにも多大な影響を与えたといわれている。「海を越えた北斎」のコーナーでは、どの作品にどんな影響を及ぼしたのか、その説の数々を紹介するとともに、二つの作品に「ムービングアート」という高精細デジタルデータならではの独自技法[*3]で新たな表現を加えている。一般的なプロジェクションマッピングは、CGなどの映像をプロジェクターで立体の物や空間に投影する技法だが、ムービングアートは作品の三次元の微細な凹凸情報を動画として、高精細プリントに投影することであたかも絵画自体を魔法のように動いて見せる技術だ。

　モネの『日傘の女（左向き）』では、センサーが鑑賞者の動作を感知すると風が吹いて、色とりどりの木の葉が舞い、貴婦人のスカートが揺れる。そして、ゴッホの『星降る夜』では、ローヌ川の水面が揺れ、満天の星が地上に降り注ぎ始める。

---

*3　株式会社アルステクネの特許技術

▲ ムービングアートで動く絵画を楽しむ

▲ シアタールームで展示会の見どころを鑑賞

　このほか会場内には、今回のデジタルミュージアム全体を把握するための、シアタールームが設置されており、展示会の見どころとなる浮世絵版画や鑑賞した作品の背景を深く掘り下げて解説した映像を上映している。これを視

聴した後、展示作品を鑑賞すると一つ一つの作品の由来や技法の超絶さが改めて実感されることだろう。

また、シアタールームを出ると、今体感したばかりの「オンライン Digital 絵画」の技術がどのような仕組みで、どんな場所で活用されているかを紹介したパネルが展示されている。

■ 完全非接触の鑑賞環境をICTで実現

今回、際立っているのが、with コロナ /after コロナの時代における新たなミュージアム運営を意識した、完全非接触の鑑賞環境を提供していることだ。

前述のゴーグルを用いない裸眼 VR、モニターが非接触で動作するフローティングギガビューワーのほか、会場の入り口では、サーモセンサーによる来場者の体温測定を実施している。

また、チケットはインターネットによる事前予約制だ。そのため、時間ごとの入場者数を制限し、混雑を緩和することができる。チケットを持っていない人や、インターネットを使用できない場合も自動販売機での購入が可能だ。チケットの QR コードを、コミュニケーションロボット「Sota」の案内に従って、センサーにかざすことで、スタッフに接触することなく入場できる。

会場の込み具合は NTT 東日本の「ギガらくカメラ」で確認している。設定人数を超えるとアラートが鳴り、通知を受けたスタッフが来場者を誘導して分散させる。このとき、来場者の顔は判別できないように加工が施されるため、プライバシーに配慮しながら、遠隔からインターネットで混雑状況を確

▲ サーモセンサーにより無接触で体温測定

▲「Sota（右端）」の案内にしたがい非接触で入場

▲ 分散型デジタルミュージアム

認することも可能だ。

地域の文化芸術がもつ新たな魅力を発信

　今回展示されたデジタル絵画の一部は成田空港のラウンジや東京海上日動ベターライフサービスの介護施設、NTT関東病院、秋葉原UDX、青森のHAnetStation、袋井市庁舎など、各地に点在する「Satellite Museum」にも配信される予定である。こうすることで、地域の最寄りのサテライト拠点で作品に触れることができるようになる。いわゆる分散型のデジタルミュージアムだ。一極集中を避け、自分たちが生活する地域で文化芸術に触れる、まさにwithコロナ/afterコロナの時代にふさわしい鑑賞の在り方だといえる。

　文化芸術のデジタル化は、従来のファン層に新たな気づきや発見をもたらすと同時に、これまで触れる機会のなかった若年層や無関心層を取り込むことも期待できる。ICTの力で、それぞれの地域の文化芸術がもつ新たな魅力を引き出し、作家とゆかりのある地域はもちろん、全国の病院や福祉施設、

オフィスなどに発信し、身近な場所で文化芸術に触れられる機会を創出する。この動きをNTT東日本は、地域の文化芸術を通じた地方創生へとつなげていく考えだ。

※ 文中に記載の組織名・所属・肩書き・取材内容などは、すべて2020年11月時点のものです。

展示絵画の一部紹介

Digital×北斎【破章】北斎vs廣重
～美と技術の継承と革新～

凱風快晴

がいふうかいせい

通称『赤富士』とよばれる北斎の代表作の一つである。凱風とは、南から吹く柔らかい風のことをいう。赤富士は、晩夏から秋にかけて早朝の限られた時間にのみ見られる自然現象で、山肌が日光により赤く染まった富士のことをいう。大胆な構図、鮮烈な配色など、その際立った特徴から、世界的にも有名な作品となっている。

『凱風快晴』に施された繊細な表現

手漉きの上美濃紙の質感を活かし、雲や雪に見立てたり、版木の木目を岩肌に見立てている。富士の上からの縦の摺目は、雲目から降り注ぐ陽光の様である。

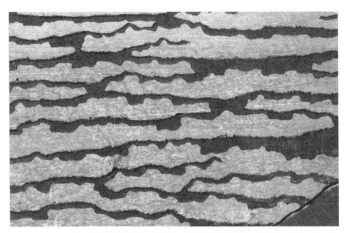

▲ たなびく雲が繊細なきめ出し※の技法で表現されている。

▲ 版木の木目の跡を岩肌に見立てている。

※ きめ出し：版木の凹凸に絵の具を乗せ強く押し当てて摺ることにより、凹凸を作る。紙の凸面は、手漉き和紙本来の繊維の質感が残り、色を乗せ摺られた部分と異なる質感となる。

山下白雨

さんかはくう

「雨が降る直前の風景を描いた」という説が多く語られているが、おそらく、北斎の意図はそれとは
異なるものであろう。照明下で見ると、線描こそないものの、豪快な摺目で豪雨や黒雲が表現されて
いるのだ。
浮世絵版画とは、絵師、彫師、摺師の三位一体芸術といわれるが、その理由がよく分かる。

『山下白雨』の雨

三役と呼ばれる『神奈川沖浪裏』『凱風快晴』『山下白雨』は、いずれも明確な場所を特定することが目的ではなく、北斎の理想の富士の姿を描いたと思われる。

その一枚、山下白雨にも繊細かつ大胆な表現が施されている。北斎がプロデューサーとして優れた手腕を発揮していたことが分かる。

▲ 雲が空摺り[※]で表現されている。

▲ 手漉き和紙の質感を雪に見立てている。

▲ 雨が降る直前の様子を描いたという説があるが、よく観ると黒雲や白雨（豪雨）が豪快な摺目で表現されている。

※空摺り：絵具を用いずに、版木を強く押し当てて摺ることによって、紙に凹凸を付ける技法。

神奈川沖浪裏

かながわおきなみうら

　北斎のみならず浮世絵のなかでも最高傑作といわれる作品。荒れ狂う波濤、自然の猛威になすすべもない船上の人々。それらの向こうに鎮座する富士。見る者に自分も海面に漂い、大波を見上げて波間から富士の姿を垣間見ているような感覚を抱かせる。波間には三艘の船が見える。この木造船は「押送船」とよばれた。右側二艘の船縁に4人ずつ、計8人の頭が並んでいる。江戸湾を八丁櫓で漕ぎ進んだ高速艇である。船の目的は鰹。地元の漁師が釣り上げた鰹を海上で買い付け、日本橋の魚市場を目指して全速力で戻った。江戸っ子は、この絵を見るたびに初鰹を思い、食欲をそそられたという。

『神奈川沖浪裏』の摺目にも注目

北斎の最高傑作と多くの人に称えられてきた本作は、海外でも"The Great Wave"という名で親しまれており、ゴッホをはじめ後期印象派の多くのヨーロッパの芸術家に影響を与えたといわれている。劇的な構図、曲線を巧みに操る波の技法、比類なき色使いなど、その技法を取り上げれば、枚挙にいとまがないが、ここでは目を作品に近づけて、その摺目で表現された高度な描写に注目してみよう。

▲ 空には横方向の摺目が入っている。波の白い部分と青い部分には、微細な段差が付けられている。

▲ 吹き荒ぶ強風が縦横の擦目で表現されている。

▲ 悪天候のなか、一刻も早い輸送に挑む押送船という物語の臨場感までを感じさせる。

御厩川岸より両國橋夕陽見

おんまやがしより りょうごくばしのせきようをみる

『富士の渡し』の別名を持つ、廐の渡しに夕闇が迫る光景。遠景の町並には、輪郭線を伴わない無線
摺りの手法が取り入れられている。

魔法のような構図

中央の舟上の人物が、指揮者さながらに竿を高くあげ画面を縦に割り、緊張感が走る。その隣、画面中央に大きな傘は雲母摺り※が施され、瞬き、それらの反響するがごとく川面には無数のS字形が広がる。空間だけでなく、時間まで演出された幾何学模様のシンフォニーのような作品である。

本図は魔法のような構図で描かれている。北斎は何度コンパスを重ねたことであろうか。

中央には橋と舟の大きな弓形が呼応するように対峙し、それに沿うようにいくつもの小円が横に連なる。最遠部の富士の三角から手前に三角形を配置し、画面に奥行きを出す。

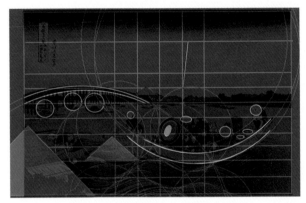

▲ 橋と舟の弓形が対峙し、小円が横に連なる。

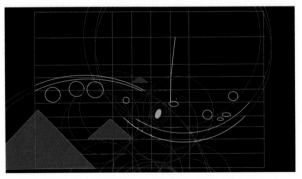

▲ 最遠部の富士の三角形から、手前に三角形を立体的に配置。

※ 雲母摺り（きらずり）：背景に雲母の粉を摺りつける技法。下地に色を摺って、その上に糊を摺り、雲母を振り掛ける方法や、雲母粉に膠か糊を混ぜて刷毛で直接摺り付ける方法がある。

甲州石班澤（藍刷り）

こうしゅうかじかざわ

北斎の「藍摺り」の中でも最高傑作と評されるのが本作品。石班澤（鰍沢）の手前で釜無川、笛吹川など甲府盆地を潤す多くの川が合流して富士川の荒波となる。押し寄せる波が岩にぶつかり激しく泡立つ様子は圧巻で、漁師の泰然とした風情と対照的である。漁師を頂点にして突き出た岩と投網が作り出す三角形と富士の稜線が相似形となり、画面に安定感を与えている。

二枚の石班澤と藍摺りの表現

『甲州石班澤』には、藍摺り※と多色摺りの二つのバージョンが存在する。藍摺りが初摺りであり、着色版が後摺りである。

奥深い霧の中、忽然と見えなくなる景色の向こうに浮かぶ富士。手前では囂々（ごうごう）と押し寄せる急流。北斎は近景の緻密な描写と遠景の暈（ぼか）し、そして中景の霞をきめ出しを用い、藍一色で見事に描きだしている。木版画は版を重ねると次第に板が埋まり、繊細な表現ができなくなる。後摺りでは、着色により補う表現となったのであろう。

▲ 甲州石班澤（後摺り）

▲ 藍摺り

▲ 後摺り

※ 藍刷り（あいずり）：藍絵とも言う。藍一色、または藍を主として他の色を抑え、藍の濃淡で色調を整えたもの。舶来の科学染料であった、ベロ藍を用いる。

駿州片倉茶園ノ富士

すんしゅうかたくらちゃえんのふじ

　彼方まで続く大規模な茶園で、人々が忙しく働く様子が描かれている。黄金色の茶が軒先まで茂っている。女たちが並んで茶摘みをし、男たちは摘んだ茶葉を籠に詰め込み、その籠を天秤や馬で作業場に運ぶ。当時の茶摘みの光景を富士が見守っているかのようだ。馬の腹掛けには、浮世絵の版元である西村屋与八（永寿堂）の商標の巴紋が描かれている。

超人的な胆力と繊細さで描く

駿州は駿河国とも呼ばれ、現在の静岡県の大井川の左岸で中部と北東部にあたり、当時から茶の名産地として名が知れていた。しかし片倉茶園というものがどこにあったのかは、いまだ明らかにされていない。

雪を被った富士を遠景に、大規模な茶畑で40人近い人々の働く様子と美しい田園風景がきめ細やかに描写されており、北斎が、超人的な胆力と繊細さで、小さな画面の中に、多くの対象を計算し配置しているのが読みとれる。

▲ 縦、横、斜めに線を重ねると、北斎の緻密な計算が際立ってくる。

▲ 荷馬の背や腹には、版元・永寿堂の巴紋が描かれている。

▲ 茶摘みの女たちの着物の模様まで細かく描かれている。

遠江山中

とおとおうみさんちゅう

遠江国（とうとうみのくに：静岡県）の山中で、巨大な材木に乗って上から、あるいは材木の下から
大鋸を挽いている。下では鋸の目立てをする木挽き職人の姿も描かれている。
職人のモチーフを富士が眺められる高台に配置し、材木を画面の対角線大きく描いた大胆な構図。材
木を支える支柱と富士の稜線が、三角形の相似形を作り出し北斎独自の画面に仕上げている。焚火の
煙は輪郭線を入れずぼかしを入れた木版画独特の表現になっている。富士周辺の雲と焚火の煙の形が
呼応するかのように、たなびいている様子も面白い。

万物の基本は丸と角

北斎は、絵手本『略画早指南』の中で幾何学図法の重要性を示しているが、『遠江山中』はその思想が見てとれる代表的作品である。本作品では、幾何学的配置と色調の対比により、自然と人の営みを、画面中で同列に対比しながら、見事に調和させている。

対角線上に大きく斜めに木材を配置する大胆な構図。遠方の富士はそれと並行になるよう斜めに配置されている。

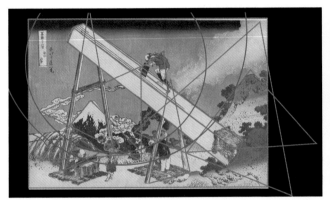

▲ 背後の三角の雲は白く、手前の人工（焚火）の煙が、呼応する様に三角形をなしている。

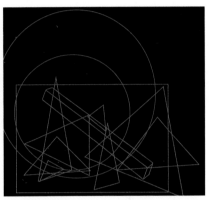

▲「万物の基本は丸と角」という北斎の概念がよく分かる。

▲ そして、構図の大胆さや主役（材木の上の職人）のみならず、脇役の描写も北斎の魅力。

日本橋　朝之景
にほんばし　　あさのけい

東海道五拾三次の起点の日本橋、題印は朝の景。大名行列の旅立ちが描かれている。歌に詠まれたお江戸日本橋の七ツ立ち。ここでの七ツ時は午前4時頃になる。橋には参勤交代を終えて国元へ帰る大名行列。手前には、魚河岸で仕入れた魚を、天秤棒で担いで行商へ出かける魚売りの姿や八百屋、そして江戸の庶民にも愛された犬も描かれている。本図は江戸の町の活気あふれる朝の風景を切り取った1枚である。上部の明けやらぬ空は「一文字ぼかし（いちもんじぼかし）※」の技法が使われている。

二つの『日本橋』、初摺りと変わり図

東海道五拾三次には「変わり図」と呼ばれる版が存在する。主に初摺りの版木が限界に達し再度摺り直す際、デザインや趣向を変更した別バージョンを制作する場合があり、これを変わり図という。

東海道五拾三次の変わり図は、アイデアに修正を行ったり、改善を施したりしており、単なる後摺りとは異なっている。『日本橋』では、題名も『朝の景』から『行列振出』に変えられ、作画もより細かくなっており変わり図の制作にかける制作側の意気込みが感じられる。

▲ 日本橋　行列振出 (変わり図)

▲ 初摺り（上）と比べ、変わり図（下）の方がより細かな描写となっている。

※一文字ばかし：「ばかし」の技法の一つ。作品の上端（または下端）に水平にまっすぐ入るぼかしで、東海道五拾三次のほとんどの作品の空にこのぼかしが使われている。

箱根　湖水図

はこね　　こすいず

切り立つように描かれた色彩豊かな山の稜線。天にも届くかと思われる箱根の険しさが強調されている。廣重が自分の足で確かめた箱根の険しさと目で確かめた美しさを、心の中で昇華させて描いた風景。色彩豊かに描かれた岩肌が、起伏に富んだ荒々しい様子をよく表している。山の荒々しさとは対照的に、静かに水を湛える芦ノ湖の湖面が印象的な作品である。そして、山道を行く長い大名行列がこの厳しい自然に悪戦苦闘を強いられている。岩と岩の狭間を黙々と下っていく一行の姿が、当時の旅の厳しさを無言で伝えているかのようだ。この箱根図については廣重がどこから描いたのか、前面にそびえる山がどこなのかしばしば論争になっている。

面で描く、心象でデフォルメする

「箱根の山は天下の剣」と歌にあるが、箱根の峠越えは難所であった。廣重は、多彩な色彩の面を用い、デフォルメし、この箱根の山の量感を表現した。対象を図で描いたり、デフォルメする表現は、世界的に見ても斬新な発想であった。こうした表現は、セザンヌなど西欧の画家たちに大きな影響を与え、やがてピカソらの生み出すキュビスムへと受け継がれていくこととなる。

▲ 多彩な色彩の面で山肌を表現。

▲ 小さく細く連なる大名行列は、急な勾配の山越えが
　　困難であることを示しつつも、風景に溶け込んでいる。

▲ はるか彼方に雪化粧した富士がたたずむ。

蒲原　夜之雪

かんばら　　よるのゆき

　東海道五拾三次シリーズのみならず、廣重の生涯における最高傑作といわれる本作品。思いがけない雪にすっぽりと埋もれてしまった夜の宿場の静謐な雰囲気が、余すことなく描写されている。行き交う旅人も雪の重さと寒さに耐えかねている風情。人々が残した足跡も印象的である。手前の旅人は明るい色彩を入れて際立たせているのに対し、背景は色味を抑え水墨画のように墨色の繊細な濃淡のみで、しんしんと降り積もる夜の雪を見事に表現している。浮世絵では白色の絵具を使わないため、雪の白色は和紙の地色を活かした表現である。屋根に積もる雪は和紙特有の質感により柔らかく、その表情までもが一層効果的に伝わってくる。

廣重の想像が生んだ雪景色の傑作

『蒲原　夜の雪』は、廣重生涯の最高傑作の一つに数えられているが、現実の蒲原は温暖で雪も珍しい地域であるため、廣重の想像の風景と考えられている。抒情的な画面構成、色調の素晴らしさはもちろんであるが、細部の表現までこだわり抜いて制作されている作品である。夜の控えめな縦の摺目は、しんしんと降る雪の様を感じさせ、その下では夜の深く静かな闇が、美しい横の立体感ある摺目で表現されている。また、屋根や地面に積もった雪の質感、遠景の雪山の質感など、手漉き和紙を用いた浮世絵ならではの表現である。

▲ 縦の摺目は、降る雪を感じさせ、その下で　　　▲ 積もった雪の質感は、手漉き和紙による浮世絵
　夜の闇が横の摺目で表現されている。　　　　　　独自の表現となっている。

北斎は『礫川雪ノ旦』で晴れた朝の一面に広がる雪景色を描いた。これに対し廣重は『蒲原　夜之雪』で夜の雪が深々と降り積もるさまを描き、さらに『亀山　雪晴』では、晴れた日中の雪景色を描いている。廣重の北斎への意識が伺える。

▲ 北斎『礫川雪ノ旦』　　　　　　　　　　　　　▲ 廣重『亀山　雪晴』

嶋田　大井川駿岸

しまだ　　　おおいがわすんがん

「箱根八里は馬でも越すが　越すに越されぬ大井川」と詠われた箱根と並ぶ難所大井川。水量が多く
なると川を渡ることが出来ず、しばしば嶋田の宿で足留めとなった。廣重は駿河と遠江国の国境を流
れるこの大河、大井川を俯瞰で眺める構図で川の大きさを強調している。さらに、川の青の色彩に対
し、河原の黄の対比で川幅の広さを表現している。中州では大名行列の一行が渡しの順番を待ちなが
ら、ひと休みしている。本図では川渡しの人足の姿も多く描かれている。嶋田とその先の金谷側に
はそれぞれ650人もの人足が働いていたという記録が残っている。川の深さで料金が決まっていて、
人足一人当たり、股下までで48文、へそ辺りで68文、胸の辺りの水深で94文であった。

北斎 vs 廣重　「大井川」対決！

大井川越えは、東海道最大級の難所であった。江戸幕府は関東防衛の見地から、この大きな河川の架橋や通船を禁じていたため、人足頼りの川越えとなっていた。この川越えの風景を北斎は、『東海道金谷ノ不二』で、急流とそこに挑む人々に焦点を当て描いたのに対し、廣重はこの『嶋田　大井川駿岸』と『金谷　大井川遠岸』二枚にわたって俯瞰で描き、河川の広大さを描いている。

▲ 北斎『東海金谷ノ不二』

▲ 廣重『金谷　大井川遠岸』

御油　旅人留女

ごゆ　　たびびととめおんな

　街道を挟んで立ち並ぶ宿場の町並み。廣重が東海道を旅した江戸末期であるが、屋根は瓦ではなくすべて草葺、茅葺きで質素な造りである。通りの中央で旅人の客を引きあうのが、題名ともなっている留女。飯盛り女を兼ねた客引きである。御油は次の赤坂宿まではわずか16町（1.7km）と短く、この宿場の客引きは強引なことで知られていた。その日のうちに一つでも先の宿場に急ごうとする客と、留女のせめぎあいがユーモラスだ。手前の宿にはすでに草鞋を脱いで足を洗っている客の姿。その後方、円の中には「竹内版」という版元の名を宣伝している文字が読める。札の一番左の文字「一立斎図」は絵師、廣重の号。続いて「摺師平兵衛」「彫工治郎平ヱ」「東海道続画」と、この作品に関わった職人名と本図がシリーズであることを表している。浮世絵版画の場合、絵師や版元の名前は出ても摺師や彫師の名前が明らかになることは非常に珍しい。

さながら『東海道中膝栗毛』

東海道五拾三次のなかでも、御油、赤阪は屈指の夜の歓楽街として人気を誇っていた。その様は「御油に赤坂吉田がなくば何のよしみで江戸が良い」と謡われるほどであった。また『東海道中膝栗毛』の中で弥次さんが御油宿の留女から逃げ切り、赤阪宿で宿をとる様子が面白おかしく書かれ、広く知られるところであった。こうした人気にあやかってか、廣重と保栄堂（版元）は、御油では弥次さんの体験そのままと思われるような光景を、赤阪では『旅舎招婦ノ図』で旅籠内部の様子を細かく描いた。

▲ 客と留女のせめぎ合いが描かれている。

▲ 竹ノ内板、一立斎図、摺師平兵衛、彫工治郎兵ヱなどが見える。

▲ 廣重『赤阪　旅舎招婦ノ図』

▲ 鏡を見ながら化粧をする招婦も描かれている。障子や布団、襖は細かなきめ出しや空摺りで立体的に摺られている。

庄野　白雨

しょうの　　はくう

本図は、五拾三次シリーズのみならず、廣重自身の全作品の中でも傑作といわれている。白雨とは夕立ちのこと。廣重は、夏の午後突然襲ってきた激しいにわか雨を描いた。蒲原同様、廣重が旅した時期を考えると、イメージの世界を描いたものと思われる。背景の雨にけむる竹やぶは、輪郭線が無く墨色の濃淡のみの「三段ぼかし」の技法を用いて描かれ、周囲にざわめく竹やぶの音までもが聞こえてくるかのようだ。横殴りの激しい雨が、見事に表現されている。急な坂を必死に登る駕籠かき、坂を転げ堕ちるように小走りで先を急ぐ旅人。突然降り出した雨に慌てる人々の心情や、風の音、雨の音までもが感じられる傑作である。

廣重が描く三種類の「雨」

北斎は『山下白雨』で雲下の豪雨を摺目だけで天空から見下ろすような俯瞰で描いたが、廣重は『大磯　虎ヶ雨』でしとしとと雨を、『土山　春之雨』では本降りの雷雨を、そして『庄野　白雨』では周囲が霞むほどの豪雨を身近な視線で描き分けている。雪の表現と同様、廣重の北斎に対する意識が伺えるようだ。
線描を使わず摺目だけで「白雨」を描くという北斎の手法は画期的であったが、廣重は、最高傑作の一つと称される本作でやはり線描を使わず、ぼかしの上に複雑なきめ出しで「白雨」を描き出した。北斎のアイデアを廣重がより進化させたといえるだろう。

▲ 廣重『大磯　虎ヶ雨』

▲ 廣重『土山　春之雨』
手前の木や水溜りが雷雨で光る様が描かれている。

▲ 豪雨が線描ではなく、ぼかしの上のきめ出し
技法による複雑な凹凸で表現されている。

▲ 見事な三段ぼかしで表現された雨に霞む背景。

「Digital ×北斎【破章】北斎 vs 廣重」展示作品の所蔵元紹介

●葛飾北斎「冨嶽三十六景」所蔵元

山梨県立博物館

山梨県笛吹市御坂町成田 1501-1

電話：055-261-2631　URL：http://www.museum.pref.yamanashi.jp/

　山梨県立博物館は、富士山や南アルプス連峰に囲まれた「山梨の人と自然の関わり」をメインテーマとして 2005 年に開館した歴史博物館です。豊かな緑に囲まれた館内には、宇宙から撮影した巨大な山梨の写真の上を歩く展示、縄文時代の音楽を再現した展示、江戸時代の人々の暮らしを 400 体ものフィギュアで再現したジオラマ展示などで山梨の歴史・文化の特徴を紹介しています。

　また、武田信玄や富士山など山梨に関わる所蔵資料は約 27 万点におよび、葛飾北斎「冨嶽三十六景」、歌川廣重「不二三十六景」および「冨士三十六景」など世界に誇る浮世絵コレクションも含まれています。

　「冨嶽三十六景」は日本屈指のコレクションと言われ、厳格な保存規約のため、これまで公開に大きな制限があったものです。

●歌川廣重「東海道五拾三次」所蔵元

大阪浮世絵美術館

大阪市中央区心斎橋筋 2-2-23 不二家心斎橋ビル 3F

電話：06-4256-1311　URL：https://osaka-ukiyoe-museum.com/

　大阪浮世絵美術館は、大阪・心斎橋筋商店街に 2019 年 7 月に開館しました。日本が世界に誇る浮世絵版画作品を、近くでじっくりと見ることができるのが当館の特徴となっています。

　当館では浮世絵師の四大巨匠である葛飾北斎・歌川広重・喜多川歌麿・東洲斎写楽をはじめ大阪や京都ゆかりの浮世絵版画を多数展示しています。浮世絵師たちが趣向を凝らして描きあげ、「名も無き彫師、摺師」が手がけた江戸時代の「今」を楽しむことができます。

　「東海道五拾三次」は、海外流出作品の状態の良い物を選りすぐり、日本に買い戻した最新のコレクションです。

※　本文にある「空摺り」「きめ出し」「雲母摺り」等の技法は、山梨県立博物館所蔵作品及び大阪浮世絵美術館の所蔵作品において確認されたものであり、他の所蔵元の作品においては未確認です。

監修・執筆・編集者等一覧

●監修
東日本電信電話株式会社（NTT 東日本）
加藤 成晴

山本 康太郎

酒井 大雅

鈴木 健広

唯野 和正

阿部 正和

中西 雄大

長谷川 有美

一場 杏里紗

吉田 憲司

糸川 夏泉

株式会社 NTT ArtTechnology
国枝 学

株式会社アルステクネ
久保田 巌

●編集
テレコミュニケーション編集部
土谷 宜弘（企画・編集）

翅　力（編集）

太田 智晴（編集）

中村 仁美（執筆）

伊藤 真美（執筆）

瀬沼 健司（執筆）

香月 真理子（執筆）

高橋 正和（制作編集）

野潟 秀之（写真撮影）

渡 徳博（写真撮影）

制作協力

株式会社トップスタジオ

畑 明恵、大垣 好宏（制作進行）

トップスタジオ デザイン室 阿保 裕美（装丁）

トップスタジオ デザイン室 宮﨑 夏子（紙面デザイン）

岩本 千絵（DTP）

本書に関するお問合せについて

● 本書の内容全般に関しては、リックテレコム（お問合せ先は、本書奥付に記載）までお願いいたします。

● 本書記載の事例に関する内容については、以下までお願いいたします。
東日本電信電話株式会社 経営企画部 営業戦略推進室
メールアドレス：bunka-ml@east.ntt.co.jp

地域活性化へ　文化・芸術のデジタル活用
ICTが実現するアート／文化財の継承と新しい鑑賞のかたち

2020年12月11日　第1版第1刷発行

編　　者　テレコミュニケーション編集部
監　　修　NTT 東日本 経営企画部
　　　　　　　営業戦略推進室
　　　　　　株式会社 NTT ArtTechnology

発 行 人　土谷宜弘
編集担当　翅　力
発 行 所　株式会社リックテレコム
　　　　　〒113-0034 東京都文京区湯島 3-7-7
　　　　　振替　　00160-0-133646
　　　　　電話　　03（3834）8380（営業）
　　　　　　　　　03（3834）8427（編集）
　　　　　URL　　http://www.ric.co.jp/

制作・組版　株式会社トップスタジオ
印刷・製本　シナノ印刷株式会社

● 訂正等
本書の記載内容には万全を期しておりますが、万一誤りや情報内容の変更が生じた場合には、当社ホームページの正誤表サイトに掲載しますので、下記よりご確認下さい。
＊正誤表サイトURL
http://www.ric.co.jp/book/seigo_list.html

● 本書に関するご質問
本書の内容等についてのお尋ねは、下記の「読者お問い合わせサイト」にて受け付けております。
また、回答に万全を期すため、電話によるご質問にはお答えできませんのでご了承下さい。
＊読者お問い合わせサイトURL
http://www.ric.co.jp/book-q

● その他のお問い合わせは、弊社サイト「BOOKS」のトップページ http://www.ric.co.jp/book/index.html 内の左側にある「問い合わせ先」リンク、またはFAX:03-3834-8043にて承ります。
● 乱丁・落丁本はお取り替え致します。

ISBN978-4-86594-263-7　　　　　　　　　　　　　　　Printed in Japan